KB253481

The Growth of Faith

장성한 믿음

백명기 지음

BM 성안당

장성한 믿음

2018. 8. 6. 초 판 1쇄 인쇄
2018. 8. 17. 초 판 1쇄 발행

저자와의
협의하에
검인생략

지은이 | 백명기
펴낸이 | 이종춘
펴낸곳 | **BM** 주식회사 **성안당**
주소 | 04032 서울시 마포구 양화로 127 첨단빌딩 5층(출판기획 R&D 센터)
　 | 10881 경기도 파주시 문발로 112 출판문화정보산업단지(제작 및 물류)
전화 | 02) 3142-0036
　 | 031) 950-6300
팩스 | 031) 955-0510
등록 | 1973. 2. 1. 제406-2005-000046호
출판사 홈페이지 | **www.cyber.co.kr**
ISBN | 978-89-315-8263-5 (03230)
정가 | 13,800원

이 책을 만든 사람들
책임·진행 | 최옥현
교정·교열 | 최옥현
본문 디자인 | 김인환
표지 디자인 | 박원석
홍보 | 박연주
국제부 | 이선민, 조혜란, 김해영
마케팅 | 구본철, 차정욱, 나진호, 이동후, 강호묵
제작 | 김유석

■ 도서 A/S 안내

성안당에서 발행하는 모든 도서는 저자와 출판사, 그리고 독자가 함께 만들어 나갑니다.
좋은 책을 펴내기 위해 많은 노력을 기울이고 있습니다. 혹시라도 내용상의 오류나 오탈자 등이 발견되면 **"좋은 책은 나라의 보배"**로서 우리 모두가 함께 만들어 간다는 마음으로 연락주시기 바랍니다. 수정 보완하여 더 나은 책이 되도록 최선을 다하겠습니다.
성안당은 늘 독자 여러분들의 소중한 의견을 기다리고 있습니다. 좋은 의견을 보내주시는 분께는 성안당 쇼핑몰의 포인트(3,000포인트)를 적립해 드립니다.

잘못 만들어진 책이나 부록 등이 파손된 경우에는 교환해 드립니다.

서론

여행에서 돌아올 때면 착륙 얼마 전부터 높은 하늘에서 지상을 내려다보곤 한다. 모든 사물들이 점차 선명하게 내려다보인다. 바다 위에 하얀 물살을 내뿜으며 오가고 있는 선박들, 줄지어 움직이는 자동차의 행렬, 바둑판같은 논과 밭들, 구불구불한 산길 등이 점점 더 선명하게 보인다.

인간의 시야는 좁다. 시력이 좋다고 하더라도, 멀리 넓고 깊게 바라보지 못한다. 인간의 이해력도 제한되어 있다. 과거 역사와 현실적인 문제점 등은 등한시하거나, 아예 깊이 생각해 보려고 하지 않는다.

그 대신 나와 내 주변만 생각하고, 대중이 생각하고 움직이는 대로 따라가려는 성향을 지니고 있다.

세계여행 중에 성지순례를 하면서, 나는 많은 것을 보고 듣고 생각하고 느꼈다. 서유럽 국가들을 여행할 때 대형 박물관들 - 예를 들면 루브르, 바티칸, 대영제국 박물관 등 - 에는 자국의 유물도 있지만, 놀랍게도 다른 나라들의 귀중한 유물들과 문화유산들이 진열되어 있는 것을 볼 수 있다. 그 박물관들에는 특히 인류문명의 발생지 가운데 한 곳인 고대 이집트와 철학의 나라 고대 그리스의 유물들이 많이 진열되어 있었다. 그것들을 바라보면서, 문뜩 나는 그 많은 소중한 문화유산들을 정당한 절차에 따라 입수하거나 구입해서 박물관에 진열한 것일까?라는 의문을 품게 되었다.

유럽의 거대한 성당들(교회들)을 방문하면서 또 한 가지 의문이 생겼다. 종교개혁의 전후 시대를 비교해 보았다. 만일 중세교회의 그릇된 가르침과 잘못된 신앙 관습이 종교개혁으로 개선되었다면, 지금의 유럽 기독교는 세계역사와 교회역사에 훌륭한 일들을 많이 하면서 지속적으로 성장하고 부흥해야 하지 않았을까? 라는 생각이 떠올랐다.

성베드로 대성당

　　로마의 성베드로 대성당을 비롯하여 유럽의 가톨
릭 성당들은 뛰어난 건축기술로 대단히 웅장하게
세워졌으며, 또한 교회 내부는 세계적으로 유명한
미술품들로 장식되어 있다. 나는 그 사실에 놀라움
을 금할 수 없었다. 스페인을 여행하면서, 세계적
인 건축가 가우디의 작품으로써 216년 동안 계속해
서 짓고 있다는 높이 160m의 초대형 성가족성당

성가족성당

(바르셀로나에 위치함)을 보고, 적어도 외형적인 측면에서 감탄하지 않을 수 없었다.

여행 중에 많은 성당들을 들어가 볼 수 있는 기회가 있었다. 하지만 안타깝게도 많은 성당들에서 예배드리는 신자들은 노인들과 어린이들을 합쳐서 겨우 2~30명에 지나지 않았다. 가이드의 설명에 의하면, 교적에는 가톨릭 신자로 등록되어 있지만, 교회는 평생 세 번 출석하는 신자들이 많이 있다고 한다. 그렇다면 왕성하게 성장하고 부흥하며 거대한 세력을 떨치던 가톨릭 교회가 오늘날 이렇게 쇠퇴하게 된 원인은 무엇일까? 그 점이 매우 알고 싶었다. 갈급한 심령에 영적인 생명의 샘물을 주지 못하기 때문에, 갈수록 교회가 생명력을 잃어가는 것은 아닐까?

　　종교개혁 이전에는 성경이 각 국어로 번역되지 못했다. 중세교회의 표준성경은 라틴어 성경(불가타)이었다. 중세교회는 성경을 자국어 또는 지방언어로 번역하는 것을 금지했다. 종교개혁 이전에는 단지 신학자들과 성직자들만 성경을 지니고 읽고 연구할 수 있었다. 하지만 종교개혁자 마르틴 루터가 히브리어(구약)와 헬라어(신약)에서 독일어로 성경을 번역한 이후로(1522년 신약, 1532년 구약), 또한 요한네스 구텐베르크(1397년~1468년)가 금속활자를 발명한 것에 힘입어, 성경이 널리 보급되게 되었다. 또한 그것은 성경 번역에 불을 지피게 했다. 19세기에 이르기까지 영어권의 표준 성경이었던 킹 제임스 역본(KJV, 흠정역)은 1611년에 간행되었다. 그 결과 비록 소수이기는 하지만 일반 신자들도 성경을 개인적으로 소유하여 읽고 묵상할 수 있게 되었다. 하지만 사실상 일반 교인들이 성경을 올바로 해석하고 이해하는 것은 간단하지 않다. 거기에는 많은 수고와 노력과 연구가 뒷받침되어야 한다.

이제까지의 나의 신앙생활을 되돌아보니 아쉬운 점들이 많이 있는 것 같다. 신앙생활을 오래 하기는 했지만, 과연 나의 신앙과 삶이 하나님의 말씀의 진리에 부합되는 것일까? 비기독교인들과 비교할 때, 나의 사고와 가치관과 생활방식이 그들과 무엇이 다른가? 기독교 신앙의 본질과 핵심을 올바로 이해하고, 비본질적인 것을 분명하게 인식하며 신앙생활을 해왔는가? 하나님의 말씀에 대한 올바른 지식, 교회 봉사에 대한 올바른 이해와 삶과 직업에 대한 기독교적인 올바른 윤리의식이 결여된 채, 단지 입술로만 주여 주여 외치지 않았는가? 주일마다 열심히 교회를 다니기는 하지만, 형식적이며 머리로만 믿는 이론적인 신앙인은 아니었는가?

하나님은 모든 하나님의 자녀가 점점 더 성숙해지고 거룩해지기를 바라신다. 이 얇은 책을 통해서 팔십 평생 신앙생활을 하면서 듣고 보고 배우고 깨닫고 경험한 것을 신학자의 입장이 아니라 순수한 신앙인의 입장에서 미력하나마 정리해 보고자 한다.

기독교 신앙의 기본사상

구분	기본사상
예수님이 오신 목적	1) 하나님의 나라와 그 나라의 공의를 추구함 – 　회개와 구원 2) 율법을 완전케 하며 구약의 약속들을 성취함 3) 만민에게 복음을 전파해서 인류를 구원하고 　자 함
기독교 신앙의 3대 요소	믿음〈이생〉···(믿어 우러름, 믿어지는 마 음)···삼위일체 하나님, 하나님의 말씀과 약 속들을 믿음. 소망〈이생과 미래〉···(바라는바, 바람, 희망함, 원함)···재림, 심판, 부활, 천국, 영생 사랑〈이생과 영원〉···(아끼고 위하는 따뜻한 마 음)···나눔, 배려, 용서, 섬김
기독교 신앙의 본질	사랑···믿음, 소망, 사랑 중에 제일은 사랑
하나님 나라와 그 나라의 공의	하나님나라 1) 장소: 네 안에 또한 너희 가운데 2) 자격: 하나님의 뜻과 말씀대로 행하는 자 3) 모습: 그리스도의 대속으로 의롭게 됨, 그리 　스도 안에서 성령과 더불어 의로움을 실행함. 그 나라의 의: 하나님의 의로움 〈대속의 의〉
이생과 미래의 분별	그리스도의 부활 및 승천 이후에 성령이 오심 　→ 그리스도의 재림 이생의 심판 : 선악으로 심판 → 미래에 최후의 　심판이 실행됨 그리스도의 사역에 기초해서 말씀과 성령으로 　거듭남 → 미래의 부활

12	이생의 천국 : 너희 안에 → 미래의 천국(새 하늘과 새 땅) 이생의 영생 : 하나님 함께 함 → 미래의 영생 (새 하늘과 새 땅에서 완성됨)
축복론	구약시대 영적인 축복과 구원을 말하지만, 또한 현실에서의 창대함, 부요함, 번영 등도 강조함. 신약시대 1) 죄 사함과 구원 및 영생에 초점이 맞추어짐 2) 그리스도와 연합한 채 성령과 더불어 의와 거룩함과 성령의 열매를 맺음
구원론	구약시대 영적인 구원도 언급하지만, 어떤 위험이나 악으로부터 구출되는 것도 강조함. 〈출애굽, 메시아 왕국 도래를 가리킴〉 신약시대 그리스도의 대속의 사역으로 죄 사함 받고 영생을 얻고 누리며, 하나님과 인간이 온전한 화목을 이룸 〈현세적 천국과 또한 종말론적 천국을 누림〉

차례

1

종교 발생의 근원

1. 종교 : 자연종교와 계시종교

국어사전에는 종교가 '신(神)이나 절대자를 인정하여 일정한 양식 아래 그것을 믿고, 숭배하고, 받듦으로써 마음의 평안과 행복을 얻고자 하는 정신문화의 한 체계'라고 정의되어 있다. 종교는 지금까지 인간사에 깊이 개입하여 왔다. 종교의 기원에 대해 자연숭배설, 주물숭배, 애니미즘, 토테미즘, 사회의식설 등 다양한 견해들이 있다. 하지만 기독교 신학에서는 하나님 중심의 계시종교(기독교, 유대교 등) ― 하나님의 계시의 말씀에 기초함 ― 와 인간 본위의 자연종교로 대별한다.

성경에서는 야훼 하나님만이 유일하신 하나님이며, 그분을 믿고 섬기는 것만이 참된 신앙이라고 가르친다. 따라서 성경에서 신앙생활 또는 경건은 하나님을 믿고 예배하며 복종하고 섬기는 모든 것을 가리킨다.

2. 종교는 왜 발생하게 되었을까?

샤머니즘이나 다양한 종교는 왜 생겨났을까? 샤머니즘은 고대의 인류문명이 발달되기 전부터 그 지역마다 토착신앙으로 발전되었다. 그것은 유한한 인간이 어떤 큰 힘에 의지하고자 하는데서 시작된 것이다. 유교, 불고, 도교의 경우도 주전 500여 년 전에 각각의 종교철학적 사상을 통해 사람들에게 깨달음과 평안과 번영을 가져다주려는 심정에서 출현되었을 것이다. 사람들은 종교를 통해서 무엇을 얻고자 했을까? 인간은 연약하고 불안한 존재이다. 모든 면에서 한계에 직면해 있다. 그래서 어떤 큰 힘에 의지하고자 하는 본능이 있다.

첫째 : 질병과 죽음에서 벗어나고 싶었다.

둘째 : 가난과 온갖 고통에서 벗어나고 싶었다.

셋째 : 짧고 허무한 인생에서 벗어나 영생을 소망했다.

넷째 : 무지와 죄에서 벗어나 의롭고 평안하고 아름다운 세상을 꿈꾸었다.

샤머니즘에서 서낭당은 나무를 신으로 모셨다. 무교에서는 무당신을 의지했다. 유대교, 이슬람은 유일신을 의지했다. 철학의 종교인 유교는 공자의 사상과 철학을 따른다. 불교는 석가모니 사상과 철학을 믿고 따른다. 도교는 노자의 사상과 철학을 따르며 실천하고자 한다. 하지만 기독교는 하나님의 말씀인 성경과 구원 역사를 통해서 계시된 삼위일체 하나님을 믿고 고백한다.

2

여러 종교의 기원

내가 어렸을 때 마을 입구 언덕에 서낭당이라는 돌무덤이 있었다.

본래는 서낭신(神)인 서낭나무를 모시는 곳이란 뜻이라고 한다. 서낭나무에는 울긋불긋한 색동천을 걸어 놓았다. 나무 밑에는 돌무덤을 쌓아 놓았다. 마을 사람들은 이곳에 밥이나 떡을 갖다 놓기도 했다. 또한 지나갈 때마다 절을 하고 소원을 빌었다고 한다. 이러한 신앙은 일종의 토속신앙이다. 토속신앙은 이른바 고등종교가 출현되기 전에 세계 곳곳에서 각기 다른 모습의 신을 만들어 놓고 소원을 빌었다고 한다. 토속신앙 중에 무속신앙이 있었다. 무속신앙은 무속인(무당)이 신을 불러 신내림을 받은 다음, 그 신의 능력으로 사람들의 소원을 해결해 준다는 것이다. 병을 고치고 아들 딸 낳게 하고 복을 받게도 하며 모든 소원을 들어 준다는 것이다.

내가 초등학교 1학년 때는 왜정시대였다. 일본사

람들은 신사참배를 강요했다. 신을 모시는 사당을 만들어 놓고, 그 곳에 가서 절을 하는 것이다. 이 역시 소원을 비는 곳이며, 일본사람들의 토속신앙이다. 일본사람들은 수많은 신을 만들어 놓고, 저마다 자기의 신에게 소원을 빌고 있다.

우리 집안은 대대로 유교를 신봉해 왔다. 설날이나 제삿날에는 각종 제사음식을 차려 놓고, 조상님들에게 절을 하며 소원을 빌었다. 제사음식을 차려 놓고 제사를 드리면, 돌아가신 조상님이 그 곳에 찾아 오셔서, 그 음식을 드시고 돌아가신다고 한다.

1. 유교(儒敎)

공자(주전 551~479년 : 인문주의의 원형이 된 고대중국의 사상가)의 사상을 따르는 교학으로 고대 중국에서 시작되었다. 공산주의가 중국 대륙을 휩쓸기 이전까지, 유교는 중국인의 생활을 실질적으로 지배한 대표적인 중국철학이라고 말할 수 있다. 인의예지(仁義禮知)를 가르치며, 삼강오륜을 도덕적 덕목으로 중시한다. 공자는 주나라를 세운 위인 주공(周公)을 받들어 정치도덕의 학문을 철저히 밝힌다. 한반도에서 유교 교육의 효시로서 고구려에서 372년, 곧 소수림왕 2년에 국립학교로서 태학이 설치되었다. 태학은 유교적 정치이념에 충실한 인재를 양성하여, 중앙집권적 정치제도에 적합한 관리를 양성하고자 하는 목적을 지니고 있었다. 태학에서 어떤 교재를 사용하며, 어떻게 교육했는지 알려주는 자료는 남아 있지 않다. 아마도 5경과 역사서 등을 교재로 사용했을 것이다.

2. 도교(道敎)

무위자연설을 근간으로 하는 중국의 대표적인 민족종교이자 철학사상이다. 황제와 노자를 교주로 삼은 중국의 토착종교이다. 후한시대에 태국의 풍읍에서 태어난 장도릉이 세웠다고 전한다. 적덕행선(積德行善)하고 계율을 지켜야 진선(眞仙)이 된다고 하여 도덕적 측면을 강조하기도 하였다. 우리나라에는 삼국시대(624년 고구려 영류왕 7년)에 유래됐다.

3. 불교(佛敎)

불교란 부처(석가모니 : 주전 563~483 고대 인도 지금은 네팔 출생)가 설한 교법이라는 뜻과(이런 의미에서 석가모니라고도 한다.) 부처가 되기 위한 교법이라는 뜻이 포함된다.

수덕사

불((拂)불타)이란 각성한 사람, 즉 각자(覺者)라는 보통명사로 고대 인도에서 널리 쓰던 말인데 나중에 석가를 가리키는 말이 되었다. 그가 죽은 후에 발전되었으며, 인도, 스리랑카, 중국에서 한국, 일본으로 교세가 확대되었다. 14세기 이후는 이슬람에 밀려 점차 교권이 약해지고 있다. 그리스도교, 이슬람교와 함께 세계 3대 종교의 하나다.

불교의 기본 사상을 보면

    ① 신을 내세우지 않는다.

    ② 지혜와 자비를 대표한다.

    ③ 관용과 평등을 관철하고자 한다.

    ④ 무상(無常)과 연기(緣起)가 중심에 있다. 이것은 후에 공(空)으로 표현된다.

    ⑤ 현실을 직시하는 경향이 강하다.

    ⑥ 모든 일에 집착과 구애를 갖지 않는 실천만이 강조되고 있다.

⑦ 조용하고 평안하며 흔들리지 않는 각성을 이
상의 경지로 삼아 이를 열반(涅槃)이라 한다.

4. 이슬람교

610년 예언자 무하마드가 창시한 종교다. 전지전
능한 알라의 가르침이 대천사 가브리엘을 통하여
무하마드에게 계시되었다고 한다. 유대교와 그리스
도교 등 유대계의 여러 종교를 완성시킨 유일신 종
교임을 자처한다. 알라와 코란이 중심이다. 알라의
계시를 모은 것이 코란이다. 이슬람교의 신도는 무

블루 모스크

슬럼이라고 불린다.

5. 기독교

기독교는 예수 그리스도에 의해 창시된 계시 종교이다.

기독교 안에는 많은 교회(교파)가 있는데 크게 나누어 세 교회가 있다.

① 로마 가톨릭교회

② 동방교회(그리스정교 및 동유럽 정교회)

③ 프로테스탄트교회(개신교)

2017년도의 통계에 의하면, 약 24억 명이 그리스도인이다. 세계 인구의 약 33퍼센트에 해당한다. 기독교는 세계의 정치, 경제, 문화에 가장 커다란 영향을 미치고 있다.

예수는 주전 7~4년 사이에 이스라엘 남부 베들

레헴에서 태어났다. 예수는 "성령으로 잉태되었다" 고 신약성서에 기록되어 있다. 예수라는 말은 "야훼 하나님은 구원이시다"는 의미를 지닌 히브리어 이름 여호수아에게서 비롯되었다(70인역에서 여호수아는 "예수스"로 음역되었다. 예수의 이름과 관련해서 헬라어 신약성경도 이 음역을 따르고 있다). 그리스도는 "기름 부음 받은 자"를 뜻하는 히브리어의 "마쉬아흐"(영. 메시아)를 그리스어로 번역한 말이다. 곧 예수 그리스도라는 이름은 하나님의 구원을 성취하기 위해서

주기도문교회(감람산)

마리아영면교회(시온산)

기름부음 받은 자를 뜻하며, 구약의 선지자들에 의
해 약속된 구세주라는 것을 나타낸다.

예수 그리스도는 세상의 모든 죄를 속죄하기 위
해, 유일무이한 단 한 번의 희생제사로서 기꺼이
십자가의 죽음을 받아들였다. 하지만 그가 예언한
대로 죽은 지 사흘 만에 부활하여, 사도들과 제자
들 앞에 나타났다. 그리고 약 40일 뒤에 사도들이
지켜보는 가운데 승천했다.

예수의 가르침은 하나님의 나라와 인류구원의 길

이다. 아담의 죄로 말미암아, 그의 후손인 모든 인류는 죄와 죽음의 법칙에 매여 있다. 따라서 죄 사함 받고 영원한 죽음에서 해방되기 위해서 하나님의 아들 예수 그리스도를 자기의 구주로 믿고 영접해야 한다. 기독교는 삼위일체 하나님의 공동 사역에 기초하며 예수의 대속 사역에 초점을 맞추고 있다. 골고다 언덕에서 예수가 짊어진 십자가는 기독교의 가장 대표적인 상징이다. 십자가는 원래 범죄자와 치욕의 상징이었다. 그러나 예수의 십자가는 인류를 대신하여 처형당한 예수가 몸으로 보여준 "사랑"을 의미한다. 그리스도인은 자기의 십자가를 짊어지고 예수의 삶의 발자취를 따라가는 사람이다.

또한 오직 기독교만이 유일무이하게 삼위일체 하나님을 주장한다. 삼위일체 하나님은 기독교의 핵심 교리(가르침)이다. 성경과 구원 역사는 하나님을 다음과 같이 계시해 준다. 곧 성부 하나님은 창조주이시다. 성자 하나님은 구원자이시다. 하나님의 아들은 이 세상에 와서, 하나님 아버지의 구원 계획을 성취했다. 성령 하나님은 그 구원 사역을 완성해 나간다. 이처럼 성부와 성자와 성령은 항상 함께 일하신다. 따라서 기독교는 유대교, 이슬람교와 명확히 구별된다.

6. 유대교와 기독교

유대교와 기독교 사이에는 여러 가지 중요한 차이점이 있다.

① 유대교는 문자 그대로 불가분의 유일신을 신앙의 대상으로 삼는다. 반면에 기독교는 삼위일체 하나님, 곧 성부, 성자, 성령 하나님을 믿는다.

② 유대교에서 예수는 예언자에 지나지 않는다. 곧 예수는 인간이다. 반면에 기독교는 예수 그리스도가 하나님의 아들로서 참 하나님이며 참 사람이라고 가르치고 믿는다. 하나님의 아들이 나사렛 예수의 몸 및 영혼과 신비롭게 연합된 존재가 바로 예수 그리스도이다.

③ 원죄에 대한 사고방식도 두 종교의 차이를 명확히 드러낸다. 유대교의 경우는 각 개인의 노력에 의해 구제받는 일이 가능하다고 믿는다. 그러나 기독교에서는 원죄를 인간존재의 본질에 관련된 것으로서 중요시하고 메시아의 희생 없이는 구원이 불가능하다고 여긴다. 유대교가 주장하는 메시아는 다윗의 자손이며 이스라엘 왕국을 재건해서 헤어진 유대인을 모이게 하는 정치적인 존재다. 따라서 유대교에서 믿는 메시아는 아직 나타나지 않았다. 그래

서 유대교도들은 예수를 그리스도(구세주)라고 부르지 않는다.

④ 하나님과의 계약(언약)과 관련해서도 유대교와 기독교의 차이는 명확하다. 유대교에서 하나님과의 계약은 신과 이스라엘 민족 사이의 계약이다. 이것은 토라에 명시되어 있다고 한다. 그러나 기독교에서는 예수의 구원 사역에 기초해서 하나님이 모든 하나님의 자녀와 새로운 계약을 맺었다고 믿는다.

신약성서의 "신약"이란 새로운 계약을 의미한다. 따라서 유대교는 신약성서를 인정하지 않는다. 반면 기독교는 구약성서도 인정하고 있다.

3

하나님의 존재와 인간관계

1. 창조하시는 하나님

길가에서 고장 난 자동차를 열심히 고치고 있는 청년이 있었다. 한 어르신이 다가와서, "내가 고쳐 보겠다"고 말하자, 그 청년은 이렇게 반응했다. "내가 이 자동차를 오랫동안 운전하며 관리해 왔는데도 못 고치고 있는데 어르신이 어떻게 고치겠습니까?" 그렇지만 그 어르신은 차를 살펴보더니, 금방 고장 난 곳을 찾아내어 고쳐주고 떠났다는 것이다. 그런데 그 어르신은 다름 아닌 그 자동차를 만든 헨리 포드 사장이었다.

세상 만물은 만든 이가 있다. 자동차도 비행기도 컴퓨터와 로봇도 다 만든 사람이 있다. 그래서 그 물건을 만든 사람은 그 물건의 구조와 고장 난 곳을 누구보다도 잘 알고 있다. 우주 만물도 창조한 분이 있을 것이다. 성경은 그 분이 바로 하나님이라고 계시해 준다. 인간은 자신의 지식과 지혜와 경험만으로 하나님이 천지를 창조하셨다는 사실을 온전히 알 수 없다.

"하나님이 지으신 그 모든 것을 보시니 보시기에 심히 좋았더라. 저녁이 되고 아침이 되니 이는 여섯째 날이니라. 천지 만물이 다 이루어지니라. ~ 그가 하시던 모든 일을 그치고 일곱째 날에 안식하니라"(창1 : 31~2 : 2)

"이 땅과 우주 만물은 하나님의 나라를 이룩하기 위한 하나님의 무대다. 그의 자녀(백성)는 청지기로 또는 연출자로 무대 위에 오르고 있다. 어떤 작품을 완성시킬 것인가? 연기자는 감독(하나님)의 지시에 따라 좋은 연기로 연출하면 된다. 그리고 연출에 필요한 물품은 계획자가 준비해 놓으셨다."

2. 인도하시는 하나님

하나님은 우리 인생의 인도자이시다. 옛날에는 길을 찾을 때 사람들에게 물어보거나 지도를 보고 찾았다. 전자산업이 발전되고 자동항법장치인 내비게이션이 등장하면서, 이제 운전자는 초행길이나 찾기 힘든 복잡한 도시 길도 정확히 찾아 갈 수 있게 되었다.

그렇다면 우리의 인생길은 누가 안내해 주는가?

"여호와는 나의 목자시니 내게 부족함이 없으리로다. 그가 나를 푸른 풀밭에 눕게 하시며 쉴만한 물가로 인도하시는도다" (시23)

1962년 대학 입학기였다. 그 당시 자가용차는 보기도 힘들었다. 대학 시험 날이었다. 나는 서울역에서 전동차를 기다리고 있었다. 하지만 전동차가 늦어지는 바람에 조바심이 나며 불안해하고 있었다. 그런데 뜻밖에 자가용 승용차가 내 앞에 와서 멈추더니, 차에 타라는 것이었다. "건국대학교로 시험 보러 가는 길이냐?"고 물으시면서, 빨리 차에 타라는 것이다. 자가용 뒷좌석에는 나와 같은 또래의 학생이 앉아 있었다. 그 학생도 입학시험을 치르러 간다고 했다. 그 어르신은 학생의 아버지였다. 그때 나는 그분이 자가용을 태워주어서, 무사히 시험을 치를 수 있었다.

성도들은 성경 속에 참 길이 있을 것이라고 어렴풋이 추측하고 있다. 그러나 마땅히 가야 할 길을 모르기에 방황하고 있다. 그런데 하나님은 성경 속에 참 길이 있다고 말씀하신다. 성경은 오랫동안 축적되어 온 삶의 이야기를 기록하고 있다. 그러나 참 안내자가 없으면, 그 길을 찾기가 매우 어렵다.

> "하나님은 우리를 양자로 입양했다. 우리는 하나님의 상속자들이다. 전지전능하시고 무소부재하신 하나님은 나의 진정한 아버지이시다." (참조. 벧전2 : 9)

하나님의 자녀가 하나님의 뜻을 따라 말씀에 순종하면서 청지기의 사명을 다할 때, 하나님은 그 자녀와 반드시 동행하신다. 하나님은 우리가 태어날 때부터 그분의 목적을 이루시기 위해 관여하시고 앞서 가시며 인도하신다.

이스라엘 민족을 애굽에서 홍해와 광야를 거쳐 40년간 인도해서, 마침내 가나안 땅까지 인도하신 여호와 하나님은 지금도 그분의 자녀들을 계속해서 인도하고 계신다. "사람이 마음으로 자기의 길을 계획할지라도 그 걸음을 인도하시는 이는 여호와시니라" (잠16 : 9)

3. 보호하시는 하나님

"내가 사망의 음침한 골짜기를 다닐지라도 해를 두려워하지 않을 것은 주께서 나와 함께 하심이라. 주의 지팡이와 막대기가 나를 안위하시나이다."(시23)

내 딸이 직장에 다닐 때였다. 퇴근해서 집에 올 때 정류장에서 집까지 약 250m의 좁은 과수원 길로 걸어오곤 했다. 어느 날 저녁에 딸이 귀가하기 직전이었는데 한 40대 남자가 찾아왔다. 그는 내 딸의 지갑을 주면서 딸의 사진이 아니냐고 물었다. 내 딸의 사진이었다. 그 지갑이 도로 위에 떨어져 있었다는 것이다. 순간 사고가 났음을 직감했다. 딸의 이름을 부르면서 달려갔다. 그러자 약 30m 떨어진 으슥한 농막 앞에서 "아버지"하는 비명 소리가 나서, 쫓아가 무사히 구했다. 만약 1~2분만 늦었어도 큰 상처를 받을 뻔했다. 그런데 지갑을 갖고 온 그 남자는 내가 전혀 모르는 사람이었다. 이 일을 통해서 하나님은 누구를 통해서라도 우리를 보호하신다는 사실을 깨달았다.

4. 지혜의 하나님

솔로몬 왕은 잠언에서

"지혜를 얻는 자와 명철을 얻는 자는 복이 있나니"

"지혜를 얻는 것이 은을 얻는 것보다 낫고 그 이익이 정금보다 낫다"라고 말한다(잠3 : 13~14).

그래서 솔로몬 왕은 여호와께 간구할 때 지혜를 달라고 기도했다.

바쁘게 사는 것보다 지혜롭게 살아야 한다.
천지의 이치는 암호로 되어 있다.
지혜가 있어야 풀 수 있다.

틸라피아(역돔)라는 바닷물고기를 순환여과 방식으로 육지에서 양식할 때였다. 민물에서 양식했더니 소위 해금냄새라는 민물고기의 특유한 냄새가 났다. 그래서 소비자들이 먹기를 꺼려했다. 이 문제를 해결하기 위해서 부산 수산대학 양식어학과 교수를 찾아가 지혜를 구했다. 민물 속에는 일곱 가지 클로렐라(이끼)가 살고 있다고 한다. 그 냄새는 그 중 한 가지에서 나는 것이었다. 그 클로렐라는 바닷물에서 서식하지 못한다는 것이다. 거기서 해답을 찾아서, 바닷물 대신 민물에 소금을 타서, 바닷물의 염도를 맞추었다. 그래서 해금냄새를 제거하는 데 성공했다. 이처럼 고난은 기회다. 열심히 기도하고 지혜를 구하면, 해결해 주시고 평안을 주신다.

5. 진리의 하나님

내가 어릴 때 가끔 마을에서 무당굿을 하는 것을 보면서 자랐다. 복을 달라고 신령님께 비는 굿이 있고, 병을 낳게 해달라고 또는 아들을 낳게 해달라고 비는 굿도 있었다. 먼저 복채를 놓으면, 무당은 방울을 흔들면서 주문을 외우고 덩실덩실 춤을 추면서 굿을 한다.

바닷가 어촌에서는 풍어제를 드리는 것도 보았다. 용왕님이 돌보시어 고기를 많이 잡고 무사히 돌아오기를 빌면서, 제물을 바다에 던진다. 이처럼 토속신앙을 믿는 사람들은 복을 받기를 바라는 마음에서 복채나 복전을 바친다.

인간은 매우 연약한 존재인 것을 느낀다. 누구에게 또는 무엇에 의지하고 싶은 마음이 누구에게나 있다. 더욱이 고난을 당할 때는 한층 더 자기가 믿는 신에게 매달리는 것 같다. 과연 복채를 놓고, 복전을 넣으면, 알지 못하는 신이 그 정성을 봐서 복을 주고 소원을 들어줄까?

그러나 성경은 그 해답을 알려준다. 잠언에서 하나님은 각 사람이 행한 대로 갚아주신다는 취지에서 "게으른 자여 개미에게로 가서 그 하는 것을 보고 지혜를 얻으라"고 권면한다(잠6 : 6). 하나님은 그분의 자녀에게 개미와 같이 지혜롭게 열심히 일할 것을 요구하고 있다. 하지만 성경의 하나님을 모르는 이들은 그 길을 찾지 못하고 샤머니즘에 빠져서 맹신자가 되는 경우가 허다하다.

한편 성경은 성령의 감동으로 하나님의 사람들에 의해서 기록되었다. 성경에는 인간의 이성이나 지식 또는 경험만으로 알 수 없는 놀랍고 신비로운 진리들이 들어 있다.

또한 성경에는 삼위일체 하나님이 행하시는 놀라운 일들로 가득하다. 하나님은 기적을 행하시는 분이다. 기적의 은사는 하나님이 그리스도 안에서 성령을 통해서 주셔야만 한다. 단순히 우리가 원한다고 해서, 이적을 행하는 은사를 받는 것은 아니다. 하지만 우리가 하나님을 의지하며 하나님의 말씀과 지혜에 근거해서 최선을 다하면, 나도 알지 못하는 어느 순간에 은혜를 받게 된다. 그리고 하나님의 특별한 은혜를 받을 그 때는 종종 은혜로 이루어졌다는 사실을 깨닫지 못한다. 한참 시간이 흐르고 나서, 어느 날 그때 주신 것이 하나님의 특별한 은혜였다는 것을 깨닫게 된다.

4

예수와
구원의 역사

1. 어린양 대신 십자가를 지시다

깊은 물에 빠져 허덕이며 목숨이 위태로운 상황에 놓인 어떤 사람이 있다. 마침 용감한 청년이 그것을 보고, 자기 목숨을 아끼지 않은 채 물속으로 뛰어들었다. 마침내 익사 직전에 있던 사람의 목숨을 구해냈다. 이 용감한 청년은 목숨을 건진 사람의 은인이다. 물속에서 허둥대다가 구출 받은 사람은 이 청년에게 평생 감사하며 살아 갈 것이다.

깊은 물은 욕망일 수도 있고 음란과 사치, 허영과 낭비일 수도 있다. 또한 불의와 거짓일 수도 있다. 하나님의 말씀과 진리를 멀리 할 때, 인간은 순간적으로 이러한 깊은 블랙홀에 빠지게 된다.

한 동안 그와 같은 욕망과 거짓의 늪에 빠진 줄도 모른 채 정신없이 즐기며 산다. 마침내 목숨이 위태로운 처지에 이르게 되면, 비로소 그 무거운 짐을 벗어 버리려고 발버둥 치며 애쓸 것이다.

내가 처음 교회를 다니게 된 데에는 어떤 동기가 있었다. 중학교 일학년 때 어느 날 친구 집에 놀러 갔다. 책상 위에 어떤 책이 있었다. 나중에 알고 보니까 성경책이었다. 그 책을 펴니까, 십계명이 기록된 부분이 펼쳐졌다. 십계명을 읽고서 순간적으로 감명을 받았다.

교회에 나가면 무엇인가 좋은 이야기를 들을 것

같다는 생각이 들었다. 그래서 교회를 다니기 시작했다. 신앙생활을 한 지 66년이 지난 지금에 이르러, 나는 하나님의 구원 역사를 어렴풋이나마 그려 볼 수 있을 것 같다.

첫째 : 하나님은 에덴동산을 만드셨다. 아담과 하와를 하나님의 형상대로 지으시고 그곳에 살게 하셨다. 인류의 조상인 아담과 하와가 그곳에서 살면서, 하나님의 말씀에 순종하며 아름다운 동산을 가꾸며 날마다 행복하게 살기를 원하셨다. 하지만 그들은 선악과를 따먹지 말라는 하나님의 명령을 어기고 말았다. 그 결과 그들은 에덴에서 쫓겨났다. 아담과 하와의 타락 사건으로 말미암아, 그들 자신과 그들의 후손에게 죄와 고통과 질병과 죽음이 찾아왔다.

둘째 : 노아시대에 노아는 의인이요, 완전한 자요, 하나님과 동행하였다. 하지만 바벨탑 사건 이후에도 사람들의 마음과 생각이 점점 더 악해져서 온 땅에 죄악이 넘치고 있었다. 그러자 하나님은 온 땅을 물로 심판하시기로 결정하셨다. 하지만 노아의 여덟 식구와 짐승 가운데 각각 한 쌍을 구원하시려고 하나님은 방주를 짓도록 명령하셨다. 방주가 완성되자, 하나님은 40일 동안 비를 내리셔서, 홍수가 나게 하여 온 땅을 물로 심판하셨다. 그러나 얼마 지나지 않아서, 노아의 식구로 시작된 온 땅은 다시 죄로 가득하게 되었다.

아브라함 : 하나님은 아브라함에게 다음과 같은 약속을 하셨다. 곧 큰 민족(창12 : 2)을 이루고,

이름이 창대해지며(창12 : 2), 복의 통로가 될 것이며(창12 : 2), 축복과 저주의 중개자(창12 : 3; 22 : 18)

가 될 것이다. 또한 그의 자손에게 땅이 기업으로 주어질 것이며(창12 : 7; 13 : 14~17; 15 : 18~21; 17 : 8), 자손이 번성할 것(창13 : 16)이며, 하나님이 친히 방패와 상급이 되어 주실 것이며(창15 : 1), 그의 몸에서 난 자가 후사가 될 것이며(창15 : 2~4), 뭇 별처럼 많은 자손이 태어날 것이다(창15 : 5; 22 : 17). 반면에 소돔과 고모라는 죄악이 넘치고 의인 열 명이 없어서, 하나님은 그 도시들을 유황과 불로 심판하셨다.

모세 : 하나님은 모세를 이스라엘 민족의 지도자로 세우셨다. 모세를 통해서 하나님은 온갖 이적을 일으키셔서, 이스라엘 민족을 애굽으로부터 탈출하게 하셨고, 홍해를 건너게 하셨다. 또한 이스라엘 백성이 광야를 지나는 동안 그들이 목마르고 배고플 때마다, 하나님은 이적을 통해서 그들에게 먹을 것과 마실 것을 공급해 주셨다.

마지막에는 여호수아를 모세의 후계자로 세우셔서, 그들을 젖과 꿀이 흐르는 약속의 땅, 곧 가나안 땅으로 인도하셨다.

하나님은 이스라엘 백성이 가나안 땅에서 하나님께 순종하면서 그분이 베푸시는 온갖 축복을 누리며 살기를 원하셨다. 그러나 이스라엘 백성의 불순종으로 말미암아, 가나안 땅에는 우상숭배와 온갖 악행이 넘치게 되었다. 결국 하나님의 심판을 받아서, 이스라엘 백성은 약속의 땅에서 쫓겨나고 말았다. 앗수르와 바벨론 땅에서 포로생활을 하게 되었다. 하나님의 섭리 가운데 하나님의 은혜로 소수의 남은 자들만 약속의 땅으로 돌아오게 되었다.

셋째 : 하나님은 그분의 나라를 세우시기 위해서 맨 마지막에 하나님의 아들을 이 땅에 보내셨다. 그는 바로 나사렛 예수의 몸을 입고 태어난 예수 그

리스도이시다. 예수는 "회개하라 천국이 가까웠다"
고 외쳤다. 마지막에 예수님은 십자가의 죽음을 통
해서 자기의 몸을 유일무이한 단 한 번의 희생 제물
로 하나님 아버지께 드리셨다. 그 희생 제물은 온
인류를 죄와 사망에서 영원히 벗어나게 하는 길을
마련해 주었다.

왜 하나님의 나라가 이뤄지기가 힘든가?

첫째 : 인류의 조상 아담의 불순종의 DNA가 온
인류의 핏속에 흐르고 있기 때문이다. 곧 온 인류는
죄를 짓고자 하는 본질적인 성향을 지니고 있다.

둘째 : 하나님의 본질은 사랑이다. 사도 바울은
사랑에 대해서 15가지를 말한다(고전13 : 4~7). 하지
만 거듭나지 않은 사람은 자기의 의지와 노력만으

로 그와 같은 사랑을 실천할 수 없다. 먼저 하나님의 거룩한 사랑이 거듭난 하나님의 자녀의 심령에 부어져서 흘러넘쳐야 한다. 그리고 성령으로 충만해야 한다. 그럴 때 비로소 그와 같은 사랑을 실천할 수 있다.

셋째 : 사람들은 하나님의 진리의 복음을 저마다의 생각과 의도에 맞도록 왜곡시킨다.

하나님의 진리와 사랑에서 멀리 떠나 있는 인류는 지금 지구촌을 온갖 죄악으로 가득 채우고 있다. 인간의 지식 및 과학과 인간이 만들어낸 종교들은 이 본질적인 문제점을 스스로 해결할 수 없다.

2. 무거운 짐을 대신지다.

6.25전쟁 때 나는 중학생이었다. 그 당시는 이른 바 보릿고개 시대였다. 보리죽이나 김치죽을 먹기도 했다. 가끔 콩나물밥과 콩나물 김치밥을 먹었다. 땔감이 없어서, 들판에 나가 풀이나 갈대를 베어, 2~3일 말렸다가 땔감으로 사용했었다.

수업을 마치고 학교에서 돌아오면, 소를 들판으로 끌고나가 풀을 뜯어먹게 해야 했다. 집으로 돌아올 때, 소에게 먹일 풀을 한 짐 무겁게 지고 땀 흘리며 와야 했다.

집에 돌아와서 무거운 짐을 내려놓으면, 어찌나 몸이 가벼운지 날아갈 것만 같았다. "수고하고 무거운 짐 진 자들아 다 내게로 오라 내가 너희를 쉬게 하리라"(마11 : 28). 예수님은 우리의 무거운 죄

짐을 대신 지고 가실 테니까 내려놓으라고 말씀하신다. 얼마나 감사한가!

800km가 넘는 산티아고의 순례길을 걷고 있는 순례자의 말을 들어보자.

"누구의 간섭도 없이

혼자서 걷기도 하고, 또는 친구를 삼아서 걷기도 한다.

그렇지만 언제나 자유로운 발길이었다.

순례길에는 꼭 필요한 물건 외에 갖고 가지 않는다.

무거운 짐을 벗어 버리고 가벼운 몸과 마음으로 걷는다.

이제까지 너무 욕심 속에서 살아오지 않았나!

어차피 내 것은 아닌데 다 두고 갈 텐데.

정신없이 육체만 알고 살다가,
잃었던 영혼을 만나기 위해 이 길을 걷고 있지 않
나!

침묵의 길이었고 자기를 되돌아보는 길이었다.
마음의 짐을 내려놓고 걷는 길이었다.
인생의 무거운 짐을 대신 지고 간 분이 있다고!

순례의 길은 고난의 길이었으나 은혜의 길이
었다.
선한 길을 따라 걷는 것이었다.
의로운 길을 찾아 걷기 시작한 길이었다.
자유와 진리의 길을 찾아 걷고 있다!”

3. 한국을 위해 싸우다

요즘 젊은이들은 6.25전쟁 당시 얼마나 많은 군인과 민간인들이 희생되었는지, 또한 얼마나 많은 건물들이 파괴되었는지 실감하지 못할 것이다. 3년간의 전쟁(1950.6.25~1953.7.27)으로 국군장병이 137,899명이 전사했다. 또 참혹한 전쟁으로 16개국 UN군이 40,667명이나 전사했다.

나는 당시 전쟁의 참혹한 모습을 수없이 많이 보았다. 피난살이도 두 번이나 했다. 특히 전쟁 중 전투기들의 공중전과 지상공격으로 많은 인민군과 민간인이 죽고 부상당하는 장면도 직접 보았다. 한편 9.28인천상륙작전도 볼 수 있었다. 또한 우리 마을에 들어온 인민군들의 만행도 지켜보았다.

UN군은 자기 나라 전쟁도 아닌데 왜 한국전쟁에 참전하여 많은 생명이 희생되었을까? 만일 그때 미군을 비롯해서 UN군이 대한민국을 위해서 싸워주지 않았다면, 한국은 공산주의자들의 손에 넘어갔을 것이다. 저들은 한국을 공산주의자들로부터 구하기 위해 대신 싸웠던 것이다. 지금 생각해보면 얼마나 감사한 일인가! 평생 고맙게 여겨야 할 것이며 절대로 잊어서는 안 될 것이다.

예수님은 죄악으로 인해 고통 받고 욕망과 사망의 골짜기에 빠져있는 나와 인류를 구원하기 위해 십자가를 지시고 희생당하신 것이다.

4. 예수님이 오신 목적

첫째 : 하나님의 나라와 그 나라의 의를 이루려고 오셨다(마6 : 33).

예수님은 이스라엘 민족뿐만 아니라 온 인류를 죄와 사망으로부터 구하기 위해 오신 것이다. 어떤 방법으로 구원하려 하셨을까? "회개하라 천국이 가까이 왔느니라"고 외쳤다.

사람들은 왜 죄악을 저지를까? 예수님은 무엇을 먹고 마실까 무엇을 입을까 하는 염려 때문이라고 지적하신다. 그러나 하나님 아버지는 우리가 필요로 하는 모든 것을 이미 다 알고 있으며, 그것을 얻을 수 있는 방법도 가르쳐 주신다.

"공중의 새를 보라 심지도 않고 거두지도 않고 창고에 모아들이지도 아니하되 너희 하늘 아버지께서 기르시나니 너희는 이것들보다 귀하지 아니하냐?"(마6 : 26)

"들의 백합화가 어떻게 자라는가 생각하여 보라 수고도 아니하고 길쌈도 아니하느니라 오늘 있다가 내일 아궁이에 던져지는 들풀도 하나님이 이렇게 입히시거든 하물며 너희일까보냐 믿음이 작은 자들

아”(마6 : 28~30)

“그런즉 너희는 먼저 그의 나라와 그의 의를 구하라 그리하면 이 모든 것을 너희에게 더하시리라”(마6 : 33).

둘째 : 율법을 완전케 하려 함이라 (마5 : 17)

예수님은 공생애 기간에 바리새인들 및 율법학자들과 종종 부딪혔다. 그들의 주장에 의하면, 예수님이 율법을 어겼다는 것이다. 하지만 예수님은 율법 그 자체를 어긴 것이 아니라, 율법에 대한 유대교의 그릇된 규정들을 무시한 것이었다. 왜냐하면 그 규정들은 인간의 전통에 기초한 해석과 적용으로서, 하나님의 계시의 말씀인 규약 율법의 근본 취지에 어긋난 것이기 때문이다. 따라서 그들이 지적하는 예수님의 행위는 율법을 어긴 것이 아니라, 반면에 율법을 올바로 해석하고 적용한 것이었다.

예수님은 구약 율법이 가르치고 예언하는 모든 것
을 성취하고 완성하러 오셨다.

(1) 또 눈은 눈으로 이는 이로 갚으라 하였다는
    것을 너희가 들었으나 (율법)

    ~ 악한 자를 대적지 말라(마5 : 38~39)

(2) 예수께서 안식일에 밀밭 사이로 가실새 제자
    들이 시장하여 이삭을 잘라 먹으니 안식일에
    하지 못할 일을 하나이다 (율법)

    ~ 다윗이 하나님의 전에 들어가서 제사장 외
    에는 자기나 그 함께한 자들이 먹지 못하는
    진설병을 먹지 아니 하였느냐? (마12 : 1~4)

(3) 안식일에 병 고치는 것이 옳으니까? (율법)

    ~ 양 한 마리가 있어 구덩이에 빠졌으면 붙
    잡아내지 않겠느냐 그러므로 안식일에 선을
    행하는 것이 옳으니라 (마12 : 10~12)

셋째 : 복음을 만민에게 전파하러 오셨다 (마28 : 19~20)

하나님의 나라와 그 나라의 의를 추구하는 것은 하나님의 통치가 이 땅에서 실현되게 하고, 하나님의 말씀이 요구하는 공의를 개인의 삶과 신앙 공동체와 사회 공동체 안에서 실현시키는 것을 추구해 나가는 것이다. 하나님의 나라(통치)는 이 땅에서 이미 시작되었다. 하지만 그것은 종말의 완성을 향해서 나아가고 있다.

예수님은 단순히 병을 고쳐주고 기적을 베풀기 위해 오신 것이 아니다. 예수님은 인간의 현실적인 욕망을 채워주시려고 오신 것이 아니다. 예수님은 온 세상에 하나님 나라에 대한 기쁜 소식을 전파하게 해서, 모든 사람이 영원한 생명과 구원에 이르게 하려고 오셨다. 자기의 죄를 자백하며 예수님을 자기의 구주로 믿고 그를 영접하면, 그는 죄 사함 받고 영원한 생명을 얻는다. 또한 이 땅에서도 하나님의 자녀로서 하나님을 의지하고 그분의 말씀을 실행하며, 그분이 베푸는 축복의 삶을 살 수 있다. 하지만 진정한 축복은 새 하늘과 새 땅에서 완성된다. 하나님의 자녀는 그 날을 고대하면서 이 땅에서 믿음, 소망, 사랑의 삶을 살아야 한다.

또한 우리는 예수님이 명령하신 대로, 온 세상에 천국에 대한 복음을 선포하고 전파해야 한다. 열매를 맺고 맺지 못하는 것은 하나님께 맡기면 된다. 우리는 믿음으로 복음을 선포하며 전도하면 된다. 하나님이 결실을 맺게 하실 것이다.

5. 하나님의 나라와 그의 의

내가 처음 교회 다닐 때는 하나님의 나라(천국)를 천당이라는 개념으로 설교하는 것을 듣고 자랐다.

서울역이나 공공장소에는 "예수천당", "예수천당"을 외치며 전도하는 사람들을 볼 수 있었다. 그래서 그 때는 나름대로 천국이 하늘 공간 어디엔가 있는 거대한 건물이 아닌가라고 추측했다. 하나님의 나라를 정리해 본다.

① 장소 : 하나님의 나라는 너희 안에 있느니라 (눅17 : 21)

② 자격 : 내 아버지의 뜻대로 행하는 자라야 들어갈 수 있다. (마7 : 21)

③ 모습 : 오직 성령 안에서 의와 평강과 희락이라 (롬14 : 17)

"바리새인들이 하나님의 나라가 어느 때에 임하나이까 묻거늘 예수께서 대답하여 가라사대 하나님의 나라는 볼 수 있게 임하는 것이 아니요 또 여기

있다 저기 있다고도 못하리니 하나님의 나라는 너
희 안에 있느니라"(눅17 : 20~21).

① 하나님의 나라는 한편으로 하나님이 통치하는
　나라라는 개념으로 성령의 은혜로 하나님의
　말씀을 통해서 내 영혼이 하나님의 의와 사랑
　을 깨달아 회개하고 거듭나며, 심령이 가난하
　고 의로워지며 평강과 기쁨(희락)이 넘치는 곳
　이 하나님의 나라이다. 곧 하나님의 통치가 이
　루어지는 곳이다.
　찬송가 「내 영혼이 은총 입어」에서 3절. "높은
　산이 거친 들이 초막이나 궁궐이나 내 주 예수
　모신 곳이 그 어디나 하늘나라"
　하나님의 신비스러운 통치가 내 마음에 이루
　어지면 내 마음이 천국이 된다. 내 가정에 이
　루어지면, 내 가정이 천국이 된다. 천국은 영
　토적 및 공간적 개념이 아니고, 반면에 영적인

측면에서 하나님의 통치가 이루어지는 것을
가리킨다.

② 하나님 나라에 들어갈 자격은 교회만 다니고
주여, 주여 한다고 다 들어갈 수 있는 것이 아
니다. 하나님의 뜻을 알고, 그 뜻에 마음과 생
각으로 동의하고 받아들이며, 그것을 삶 속에
서 행하는 자라야 하나님의 나라(통치)에 들어
갈 수 있다. 곧 하나님의 통치에 참여하고 맛
볼 수 있다.

"나더러 주여, 주여 하는 자마다 천국에 다 들
어갈 것이 아니요 다만 하늘에 계신 내 아버지
의 뜻대로 행하는 자라야 들어가리라"(마7 :
21)

③ 하나님 나라는 어떤 모습일까

이 역시 어떤 형상을 말하는 것이 아니고 성령을 받아 하나님의 말씀에 의해 하나님의 통치가 이루어지는 영적인 상태를 말하는 것이다.

"하나님의 나라는 먹는 것과 마시는 것이 아니요 오직 성령 안에서 의와 화평과 희락이라"
(롬14 : 17)

성령의 은혜로 마음이 의로워지고 마음에 평화가 있고 마음에 기쁨과 즐거움이 가득한 모습으로 그의 얼굴은 늘 자비와 온유와 기쁨이 넘치는 아름다운 영적인 실체가 이루어진 모습을 가리킨다.

"그의 의(하나님의 의)를 구하라"는 뜻은?
① 우리가 받아야 할 십자가의 형벌을 주님이 대신 받게 함으로, 우리가 용서 받고 구원받게 한 하나님의 의로움.
② 십자가의 희생으로 말미암는 의로움(대속의 의)(롬 1 : 17)

성경이 말하는 천국은 눈에 보이는 육적인 세계가 아니라, 영적인 세계이다. 하나님 아버지는 그리스도 안에서 성령을 통해서 하나님의 통치가 이루어지게 하신다. 따라서 "성령 충만"은 성도의 심령을 하나님이 완전히 통치하시고 주관하시는 것을 말한다. 성령으로 충만하면, 신자의 심령은 하나님의 통치체계 속으로 들어간다.

5

종교와 진리

1. 진리란 무엇인가?

국어사전

① 참된 도리

② 논리의 법칙에 일치되는 지식

③ 누구나 인정하여야 할 보편타당한 지식

라이프 성경사전

① 참된 도리

② 언제나 누구에게나 타당하다고 인정되는 인식의 내용 (잠12 : 17)

③ 거짓이 없고 변함도 없으며 영원히 진실하고 참된 것 (출34 : 6)

④ 신약성경에서는 그리스도와 복음을 일컫는다. (요14 : 6, 17)

이 진리는 죄인을 구하고 (엡1 : 13, 살후2 : 13)

거듭나게 하고 (엡4 : 24)

보호할 뿐만 아니라 (시61 : 7, 잠20 : 28)

사람들을 자유하게 하며 (요8 : 31~32)

거룩하게 하고 (요17 : 17~19)

영혼을 깨끗하게 한다 (벧전1 : 22)

자연계의 진리

① 사계절 : 봄, 여름, 가을, 겨울은 계속해서 돌아오고 있다.

② 번식 사이클 : 씨를 뿌리면 ~ 싹이 나서 자라고 ~ 꽃이 피고 ~ 열매 맺고 ~ 본체는 죽고 ~ 열매를 남긴다 ~ 다시 씨를 뿌린다.

③ 우주의 질서 : 지구의 자전과 공전 우주의 별자리 등은 변함없다.

④ 자연계 : "물은 위에서 아래로 흐른다"

"봄이면 모든 식물은 싹이 난다"

농장(사과밭에서)

식물이 번식을 하려면 꽃가루받이가 이루어져야 된다. 그리고 이 수정은 벌, 나비로부터 받아야 한다. 그래서 꽃나무들은 먼저 꽃을 피운 다음 꽃향기를 널리 퍼지게 한다. 그 향기를 통해서 벌과 나비는 꽃으로 찾아오게 되고, 꽃나무는 꽃가루와 꿀을 무료로 제공해 준다. 벌과 나비는 공짜로 주는 먹이를 좀 더 많이 물고 가려고, 이 꽃 저 꽃으로 옮겨 다니며 수정을 시켜주는 것이다. 꽃나무들이 수정을 위해 벌과 나비들에게 먼저 꽃가루와 꿀을 대접하면, 벌과 나비들은 꽃나무들에게 수정을 통해 열매를 맺게 한다. 신비롭게도 자연계에서 서로 대접하는 현상은 인류사회에서도 똑같은 진리로 나타나고 있다.

하나님을 사랑(대접)하고 이웃을 사랑(대접)하라는 말은 영원한 진리이다. 산업사회로 들어서면서 아름다운 농경사회의 모습은 점차 사라지고 있다. 내가 어렸을 때만 해도 농촌에는 "품앗이"라는 풍속이 있었다. 품앗이는 농사일을 할 때 서로 도와주는 관습을 말한다.

그것은 농사일뿐만이 아니고, 관혼상제의 모든 관계에서도 이루어졌다. 혼례를 할 때 이웃들 사이에 서로 도와주기 위해 국수, 막걸리, 떡, 콩나물,

감주 등을 혼인집에 보낸다. 장례 때도 그렇게 서로 협조하며 도와주는 것이다. 먼저 대접을 하면 대접받은 만큼, 아니면 그 이상의 대접을 다시 받게 되는 것이다.

아파트 문화로 바뀌면서 이웃 사이의 정이 점점 사라지고 있다. 하지만 지금도 농촌 마을에서는 나눔의 따뜻한 인정이 오가고 있다. 옛날에는 가을추수가 끝나면 시루떡을 해서 일 년 농사가 잘되게 해주었다는 감사의 뜻으로 서로 나누워 먹었다. 지금도 이웃 사이에 특별한 음식이나 맛있는 음식을 하면, 음식솜씨도 자랑하고 대접받은 신세도 갚을 겸 서로 나누어 먹는다.

신약성경에 의하면, 그리스도와 복음 자체가 진리이다. 왜냐하면 그리스도와 하나님 나라의 복음은 인류를 죄와 사망에서 구원하고 영생에 이르게 하는 유일무이한 길을 제시하기 때문이다.

2. 종교는 진리를 찾고 진리만을 선포해야 한다

천성을 향해 가던 성도가 삼거리를 만나서 어느 길로 갈지를 몰라서 방황할 때, 천사가 나타나서 천성으로 가는 오른쪽 길을 가르쳐 준다. 그 오른쪽 길이 곧 진리의 길이었다.

안개가 자욱이 낀 날에 자동차 사고가 제일 많이 일어난다. 왜냐하면 짙은 안개가 시야를 가려서 앞이 잘 보이지 않기 때문이다.

군중은 정치와 종교 행사 등에서 때때로 이성적인 판단을 잃어버린 채 대중심리에 이끌려서 집단 행동에 참여하기도 한다(시위나 이단 등).

모든 종교는 진리에 대해서 말한다. 또한 모든 종교는 자기 종교가 참 진리라고 생각하고 주장한다.

과연 모든 종교가 주장하는 진리는 참 진리일까?

중세교회의 가르침과 관습 중에서 많은 부분은 하나님의 진리(말씀)를 벗어났다. 이것을 지적하면서 바로잡고자 한 교회의 운동은 종교개혁으로 이어졌다. 마틴 루터는 1517년 10월 31일 면죄부(免罪符) 판매에 항의하면서, 비텐베르크의 교회 정문에 95개조 논제를 붙였다. 이것은 그 당시 독일에 팽배해 있던 종교개혁의 움직임을 촉발시켜 종교개혁의 발단이 되었다.

루터가 95개조 반박문을 붙이고 나서, 약 500년의 세월이 흘러갔다. 그렇다면 지금의 기독교는 얼마나 새로워지고 있을까? 루터를 비롯해서 종교개혁자들의 사상을 이어 받은 교회들, 특히 루터파 교회 국가들(서북부 유럽국가)은 그 이후로 많은 변화가 일어났다. 하나님의 말씀에 대한 잘못된 해석들

을 바로잡고 또한 그릇된 제도들을 개혁했다. 그것
을 통해서 심령의 변화가 일어났다. 곧 외적인 개
혁과 내적인 개혁까지 이뤄짐으로 진정한 개혁이
진행되어 왔다.

　　루터파 국가들의 신앙사상을 보면

　　　① 생활의 내핍을 습관화하고

　　　② 열심히 노동할 것을 주장하고

　　　③ 하나님이 부자를 만든 것은 가난한 자를 돕

　　　　기 위함이다.

라는 하나님의 공의와 사랑이 삶속에 깊이 뿌리내
려 있다고 한다.

　　성경이 가르치는 진리와 사랑을 진심으로 받아들
이고, 그것을 삶속에서 구체적으로 실천할 때 진리
와 사랑의 열매를 맺게 된다. 왜곡된 진리나 행함

이 없는 진리는 이미 죽은 것이다. 그것은 능력을 발휘할 수 없다. 아무리 외쳐도 공허한 메아리로 되돌아 올 것이다.

종교들이 진리를 말하지만, 자기들의 기능을 나타내 보이지 못하는 이유가 여기에 있다고 본다.

① 종교가 현실을 무시하고 단지 기적과 소망을 강조한다든가
② 종교인 특히 지도자들의 삶이 세속을 따라 간다든지
③ 종교가 이웃 사랑을 실천하지 못하는데 있지 않을까!

교회는 요행과 기적의 신앙 대신에 노동의 신성함을 강조해야 한다. 우선 종교 지도자들의 삶이

세속화 되지 말고 의롭고 건전해야 되고 지극히 작은 일에서부터 사랑을 실천해야 된다. 관습과 형식에서 벗어나지 못하고 기복 신앙, 성공 및 번영 신앙에 빠지게 한다면, 반드시 개혁의 의미가 희미해질 것이다. 교회가 진리의 길로 더 이상 나가지 못한다면, 교회는 사회로부터 신뢰 받지 못하고 유명무실한 존재가 되며, 사람들로부터 외면 받게 될 것이다.

6

영성으로
들어가는 길

1. 디드로 딜레마

프랑스 계몽주의 철학자 드니 디드로(1713~1784년)가 "나의 오래된 가운을 버림으로 인한 후회"라는 에세이에서 소개하는 이야기이다. 그는 친구로부터 어느 날 멋진 붉은색 가운을 선물 받았다. 새 옷을 입고 서재에 앉으니 책상이 초라해 보였다. 책상을 바꾸고 보니 이번에는 책꽂이가 거슬렸다. 새 책꽂이에 새 의자까지 갖췄다. 그런데 원하는 물건을 구입했는데도 기쁘지 않았다. 어느 것 하나 익숙한 것 없는 전혀 새로운 환경이 낯설기만 했다. 이와 같이 소비가 또 다른 소비를 부르고, 욕망의 추구가 만족 대신 또 다른 욕망을 낳는 이율배반적인 상황을 두고 "디드로 딜레마" 또는 "디드로 효과"라고 한다.

인간은 돈을 계속 써도 쉽게 만족할 수 없다. 자꾸

새로운 것을 갈망하게 된다. 돈과 행복 사이에는 "한계효용체감의 법칙"이 성립한다. 정말 목이 탈 때는 물 한 잔이 너무 달지만 두 잔, 세 잔 마시다 보면 만족도가 점점 작아지는 것과 비슷한 원리다.

나는 행복을 얻는 비결 가운데 하나로 가진 것을 즐길 줄 아는 마음을 꼽는다. 분수에 맞지 않는 것들에 대한 욕심을 버릴 줄 아는 자세가 필요하다. 어떤 정신의학 심리학자는 지나치게 행복 자체를 추구하는 사람은 아이러니하게도 불행과 절망에 빠지기 쉽다고 주장한다. 열심히 최선을 다해 살다보면, 그것을 통해서 행복을 발견하고 누릴 수 있다. 그렇다고 매일매일 정신없이 바쁘게 살아야 할 필요는 없다. 이따금 속도를 늦추고 현재를 즐기는 여유를 누려야 한다.

사람은 누구나 바라는 것이 있다. 그것을 얻으려

고 열심히 일하게 된다. 그래서 바라는 것이 전혀 없어도 발전하지 못한다고 한다. 하지만 바라는 것이 너무 커서 욕망으로 이어지면, 행복을 얻기 어렵다. 따라서 야고보는 "욕심이 잉태한즉 죄를 낳고 죄가 장성한즉 사망을 낳느니라"고 경고한다. 또한 요한일서는 "세상 모든 것이 육신의 정욕과 안목의 정욕과 이생의 자랑이니 다 아버지께로 온 것이 아니요 세상으로 좇아 온 것이라"고 지적한다. 욕심을 잠재우는 것은 만족이다. 만족이 없으면 행복할 수 없다. 그래서 욕망과 만족과 행복 사이에는 삼각관계가 성립된다.

2. 믿음, 소망, 사랑

여기서 믿음, 소망, 사랑에 대해서 살펴보려고 한다.

첫째 : 믿음

믿음은 바라는 것들(우리가 미래에 경험할 것들)의 기초이며, 보이지 않는 것들(보지 못하는 영적 경험의 영역)을 확신을 갖고 기대하게 한다(참조. 히11 : 1).

우리가 현실에서 바라는 것들은 우리가 하나님의 약속을 믿고 살 때 경험으로 확증된다.

믿는 자에게는 능치 못한 일이 없느니라(막9 : 23).

우리가 하나님의 약속을 믿고 또한 고난과 고통을 인내하면서 포기하지 않고 최선을 다할 때, 바라는 것들이 실현되고 보이지 않는 것들이 나타나게 된다.

　기독교에서 가르치는 믿음은 하나님의 말씀과 구원 역사를 통해서 계시된 삼위일체 하나님을 믿는 것이다. 이것이 기독교의 믿음의 초석이다. 곧　하나님이 성부, 성자, 성령 하나님이시라는 것을 믿는다. 하나님 아버지는 창조자이시다. 하나님의 아들 예수 그리스도는 구원자이시다. 성령 하나님은 성부가 계획하시고 성자가 성취한 구원을 완성해 나가신다.

　또한 믿음은 하나님의 말씀에 기초해서 교회가 전통적으로 공적으로 고백하고 공표한 것을 믿는 것이다. 예를 들면, 원죄, 죄 사람, 구원, 성화, 부활, 영화, 새 하늘과 새 땅 등이다. 나아가 믿음은 하나님이 계시해 주신 모든 말씀을 성령의 조명을 통해서 올바로 이해하고 믿는 것이다. 믿음은 어떤 정서적인 반응이 아니라, 거듭난 사람이 전인격적으로 반응하는 것으로서 지성, 정서, 의지가 모두 포함된다. 나아가 진정한 믿음은 삶 속에서 구체적으로 표현되어야 하고 입증되어야 한다.

온전한 믿음은 행위로 이어져야 한다(약2 : 17). 곧 생각에만 머무르는 것이 아니라, 구체적인 행동으로 옮겨져야 한다. 마태복음 5~7장에는 예수님의 산상수훈이 수록되어 있다.

산상수훈의 결론은 다음과 같다. 곧 "누구든지 나의 이 말을 듣고 행하는 자는 그 집을 반석 위에 지은 지혜로운 사람 같으리니 비가 내리고 창수가 나고 바람이 불어 그 집에 부딪치되 무너지지 아니하나니 이는 주추를 반석 위에 놓은 까닭이요 나의 이 말을 듣고 행하지 아니하는 자는 그 집을 모래 위에 지은 어리석은 사람 같으리니"(마7 : 24~26). 예수님의 가르침을 듣고 깨닫는다고 하더라도, 그것을 개인, 가정 및 신앙 공동체와 생활 공동체 안에서 구체적으로 철저하게 실행하지 않으면, 결국 그의 가르침을 온전히 이해하지 못하는 것이다.

하나님의 말씀과 예수님의 가르침을 실천하려면, 날마다 끊임없이 하나님의 은혜를 사모하며 기도해야 한다. 또한 성령 충만을 사모해야 한다.

기도를 통해서 내가 변화되고, 하나님의 사랑과 은혜가 내 마음속에 넘치도록 부어지고, 또한 성령으로 충만해야 비로소 내가 하나님의 말씀을 실천할 수 있다.

"하나님의 나라는 너희 안에 있느니라"(눅17 : 21)

"너희는 위로부터 능력으로 힘 입혀질 때까지 이 성에 머물라"(눅24 : 49)

"오직 성령이 너희에게 임하면 너희가 권능을 받고(행1 : 8)"

"내가 이르노니 너희는 성령을 따라 행하라 그리하면 육체의 욕심을 이루지 아니하리라

육체의 소욕은 성령을 거스르고 성령은 육체를 거스르나니 이 둘이 서로 대적함으로 너희가 원하는 것을 하지 못하게 하려 함이니라 너희가 만일 성령의 인도하시는 바가 되면 율법 아래에 있지 아니하리라 …… 오직 성령의 열매는 사랑과 희락과 화평과 오래 참음과 자비와 양선과 충성과 온유와 절제니 …… 만일 우리가 성령으로 살면 또한 성령으로 행할지니"

(갈5 : 16~18, 22~23, 25)

기독교는 하나님이 신이며 예수의 영이신 성령과
의 교통을 통하여 직접 성도를 인도하고 교훈한 그
대로를 믿는 신앙이다.

기독교란 구약의 율법과 선지자들의 예언된 새
언약에 입각하여 오로지 성령의 능력과 인도에 의
해서만 행하는 종교를 말한다. 이렇게 성령에 의한
신앙을 임마누엘 신앙이라고 한다. 따라서 기독교
란 성령의 종교이며 임마누엘 신앙이라고 한다.

성령 충만함이란 성령(하나님·그리스도)과 동행하는
삶을 말한다. 이 단계는 生死가 없으며 스데반, 바
울, 빌립, 에녹 등과 같은 성령의 사람을 말한다.
이러한 궁극점에 도달하기 위하여 사도바울은 "장
성한 분량이 충만한데까지 이르리니"(엡4 : 13) 말씀
하셨고, 여기서 말씀하신 "장성한 분량"이란 바로

“사랑이 완성된 사람”(고전13 : 11) 또는 “모든 미덕을 온전히 갖춘 성도”를 가르친다(엡4 : 13).

사랑은 절대로 인간의 덕과 노력으로는 도달할 수 없는 것으로, 오직 성령으로만 완성될 수 있다. 그 이유는 사랑이 곧 성령(하나님)의 본질이기 때문이다(요일4 : 8, 16).

인류의 구원을 위해 예수 그리스도가 이 땅에 오셨으나 하나님의 나라를 이룩하기 어려운 것은 사랑의 실천이 어렵기 때문인 것 같다. 그것은 장성한 분량이 충만한데 이르기까지 사랑의 완성이 어렵고 이는 성령의 사람인 바울같이 성령에 충만한데 이르기가 어렵기 때문일 것이라고 본다.

결국 성경 전체의 신앙의 1차 궁극점은 성령 충만을 받는 것이며 2차 궁극점은 성령의 인도함을 받으며 주와 동행하는 것이다.

이와 같이 믿음은 하나님의 전지전능을 믿고 사랑의 행위까지 연결되는 것을 말한다. 그렇게 될 때 성령의 거처가 우리 안에 이루어지며 그때야 비로소 완전한 믿음이라고 할 수 있다.

성경에 등장하는 믿음의 사람들
① 믿음으로 방주를 예비하고 구원받은 노아
② 믿음으로 순종하여 축복의 땅을 기업으로 받은 아브라함
③ 믿음으로 하나님을 신실하게 의지하며 꿈을 해몽하여 애굽총리가 된 요셉
④ 믿음으로 이스라엘 민족을 애굽에서 인도해 낸 지도자 모세
⑤ 믿음으로 여리고성을 무너뜨리고 가나안 땅으로 인도한 여호수아
⑥ 믿음으로 블레셋의 골리앗을 물리친 다윗

⑦ 그 외에도 욥, 아벨, 야곱, 사라, 라합, 베드로, 요한 등

둘째 : 소망

국어사전에 의하면, 소망은 바라는 바, 바람, 희망하다. 원하다, 욕구하다를 뜻한다.

성경에서 종종 소망은 종말론적인 완성과 연결되어 언급된다. 이 소망은 성도를 부르신 주께서 그 구원을 완성시키는 때, 곧 만물이 주의 통치 아래 온전히 거할 때, 성도가 영화롭게 됨으로 구현된다(롬8 : 30). 또한 바울은 하늘에 쌓아 둔 소망에 대해서 말한다(참조. 골1 : 5).

그리고 바울은 성도들에게 소망 가운데 즐거워하라고 권면한다(롬12 : 12). 성도들의 미래의 소망은 부활, 심판 이후에 들어갈 영광의 나라와 삼위일체 하나님을 직접 보면서 영원히 사는 복 등과 연결되

어 있다.

 기독교 역사에서 로마제국의 네로 황제(주후 54~
68년)와 도미티아누스 황제(주후 81~96년) 시대에는
기독교에 대한 박해가 가장 극심한 시대였다. 기독
교인들은 지하동굴인 카타콤으로 도피하여 살면서
말할 수 없는 고난을 겪었다. 그들은 항상 죽음의
위험에 노출되어 있었다. 박해를 피해서 그들은 엄
청난 규모의 카타콤 속에서 공동생활을 했다. 하지

카타콤 입구에서

만 그곳에서 그들은 더욱 진심으로 예배드리고 간절히 기도하며 엄숙하게 성찬식을 거행했다(오늘날 터키에 위치한 갑바도기아 지역을 여행하면서 여기저기 암벽을 뚫고 살던 구멍들을 보았다).

주후 95년 도미티아누스 황제 치하에 사도 요한은 밧모섬으로 유배되었다. 그곳에서 그는 성령의

갑바도기아 암벽 구멍

감동과 계시로 미래와 종말에 대한 예언의 말씀들
을 받게 되었다. 그것을 기록한 책이 요한계시록이
다. 요한계시록은 세상 나라들의 멸망, 그리스도의

요한계시록

밧모섬 교회

재림, 최후의 심판, 하나님의 통치의 궁극적인 승리와 새 하늘과 새 땅에 대한 소망의 말씀을 들려준다. 요한계시록의 예언의 말씀들은 이 세상에서 환난을 겪으며 살고 있는 성도들에게 견고한 소망을 심어준다. 요한계시록은 일차적으로 그 당시 로마제국에 의해서 극심한 박해를 받고 있던 그리스도인들에게 소망을 주기 위한 "믿음의 나팔소리"였다.

믿음, 소망, 사랑이 갖고 있는 단어의 뜻과 관련된 성경단어들을 간략하게 정리해 본다.

믿음(이생) : 믿어지는 마음, 믿어 우러름, …은사, 은혜, 기적

소망(미래) : 바라는 바, 희망하다, 원하다, 기대하다, 재림, 심판, 부활, 천국, 영생

사랑(이생) : 아끼고 위하는 따뜻한 인정을 베푸는 일(마음), 용서, 나눔, 배려, 돌봄 등.

믿음과 소망은 미래에 대한 바람, 희망, 꿈의 뜻을 갖고 있다. 하지만 믿음은 이생에서의 바람이고, 소망은 미래에 대한 바람이라고 말할 수 있다.

요한계시록을 좀 더 자세히 알아본다.

요한계시록을 그려내게 만든 동기는 선지자 요한이 밧모섬으로 추방당한 것, 버가모에서 안디바가 죽임당한 것(2 : 13), 지역적인 추방, 경제적 불균형, 그리고 소외를 생산해 낸 사회적 차별이 누적되어 요한계시록에서의 로마의 압제를 전체적으로 그려내게 만들었다.

신약개론에 의하면, 종교개혁 시대에 활동했던 다음 신학자들은 요한계시록에 대해서 다음과 같이 평가했다고 한다.

① 루터(독일) : 요한계시록을 저급한 책으로 평가

했다.

② 츠빙글리(스위스) : 요한계시록이 성경이라는
사실을 부정했다.

③ 칼뱅(프랑스) : 주석을 쓰지 않은 유일한 성경이
었다.

④ 에라스무스(네덜란드) : 요한계시록을 성경주해
에서 주석하지 못함.

⑤ 멜란히톤(독일)과 부처(알자스에서 출생) : 요한계
시록을 외면하고자 함.

⑥ 크랜머 대주교(영국) : 요한계시록을 성경읽기
표에서 생략해 버림.

루터

츠빙글리

칼뱅

셋째 : 사랑

　이른 봄에 산수유꽃이 노랗게 피기 시작한다. 그 다음 매화꽃이 피고, 복숭아꽃이 핀다. 그 다음 사과꽃, 산딸기꽃이, 그 다음 보리수꽃이 핀다. 꽃이 피기 시작하면 어디에선가 벌들이 모여든다. 이 꽃 저 꽃 옮겨 다니며, 벌들은 꿀과 꽃가루를 물어간다.

사과꽃

그 덕분에 꽃들은 수정이 되고 열매를 맺게 된다.

사람과 식물관계도 비슷하다. 물과 거름을 주고 소독을 잘 해주면, 그만큼 좋은 열매를 맺는다. 사람과 사람 관계에서도 거의 똑같다. 연말이나 크리스마스 때면 몇 통의 편지가 온다. 내가 후원하는 소년소녀들 또는 젊은이들이 자기들의 생활상을 적어 보내는 것이다.

자기의 취미는 축구고, 희망은 선생님이 되고 싶고, 좋아하는 음식과 좋아하는 과목 등 자세히 적어 보낸다. 어느덧 자라서 좋은 대학, 원하는 학과에 입학했다는 소식을 들을 때, 너무 고맙고 감사했다. 더욱 고마운 것은 "나도 나중에 어른이 되면, 후원자님 같이 어려운 이웃을 도와주는 사람이 되겠습니다."라고 적어 보낸 온 것이다. 편지를 받아볼 때마다 너무 흐뭇하고 보람을 느낀다.

하나님이 다스리고 있는 피조 세계의 이치는 참으로 아름답고 오묘하고 신비스럽다.

사랑을 베풀면, 베푼 만큼 결실로 보답한다.

사랑을 베풀면, 베푼 만큼 서로에게 이익을 준다.

사랑을 베풀면, 베푼 만큼 그 사랑의 꽃은 어디에선가 다시 피어난다.

중요한 것은 자기가 먼저 사랑하는 것, 사랑을 베푸는 것이다. 하나님은 사랑이시다. 하나님은 먼저 사랑을 베푸신다. 하나님은 그분의 자녀에게도 그와 같은 사랑을 기대하신다. 하나님이 그 사랑을 필요하셔서가 아니라, 결국 그것은 하나님의 자녀에게 또한 이 세상에게 유익한 것이기 때문이다. 하나님의 자녀가 사랑을 하려면, 먼저 하나님의 사랑을 받아야 한다. 하나님의 사랑이 지니고 있는 의미를 깨달아야 한다. 사랑은 먼저 주고 그 다음

서로 주고받으며, 신앙 공동체와 생활 공동체에 나아가 온 세상에 선순환을 일으킨다.

예수 그리스도의 가르침은 오직 사랑이며 사랑을 통해 신앙의 궁극인 성령에 도달시키고자 하신 것이다. 진정한 기독교의 정통이란 사도시대에 사도들의 행적인 사도행적에 맞추어야 하며 사랑을 통하여 성령의 인도 속에서 신앙하는 것을 말한다. 이제 기독교는 유치하고 맹목적인 교리라는 틀에서 벗어나 기독교의 행동강령인 오직 사랑이라는 큰 틀에서 바라볼 때에만 기독교의 본질에 도달할 수 있다.

어떠한 교리나 교파와 규범 등도 그리스도의 새 계명인 사랑(요일2 : 8)보다 절대로 우선될 수 없다. 사랑의 본질은 하나님의 말씀과 예수님의 가르침을 실천하는 것이다. 그리스도인은 오직 성령 충만에 힘입어 하나님의 말씀을 실천할 수 있고, 또한 예수님 삶의 발자취를 따라갈 수 있다. "내가 아버지의 계명을 지켜 그의 사랑 안에 거하는 것 같이 너희도 내 계명을 지키면 내 사랑 안에 거하리라 내 계명은 곧 내가 너희를 사랑한 것 같이 너희도 서로 사랑하라 하는 이것이니라"(요15 : 10, 12). "나의 계명을 지키는 자라야 나를 사랑하는 자니 나를 사랑하는 자는 내 아버지께 사랑을 받을 것이요 나도 그를 사랑하여 그에게 나를 나타내리라"(요14 : 21).

3. 천국이 있느냐?

여기서 말하는 천국은 내세의 천국을 묻는 것이다. 이 질문을 받고, 어떤 사람들은 다음과 같이 대답할 것이다. "나도 모른다. 가보지 못했으니까."

또는 "나도 모른다. 갔다 온 사람이 없으니까."

그리스도인의 소망과 관련해서 이생의 소망과 미래의 소망을 확실히 구분해서 설명해야 할 필요가 있다. 또한 천국에 대해 설명할 때 이생의 천국(현세적 구원)과 미래의 천국(종말론적 구원의 완성)으로 구분하여 말해야 할 필요가 있다. 천국은 이미 왔고 지금 하나님의 통치는 이루어지고 있지만, 아직 완전히 이루어지지 않았기 때문이다. 하나님의 나라는 하나님이 정하신 때에 궁극적으로 완성될 것이다.

나는 이단교주들의 만행을 모두 경험했다. 고등학교 1학년 때 내 신앙은 하나님의 말씀에 근거해서 체계적으로 정립되어 있지 않았다. 또 나는 이단의 정체와 이단의 가르침에 대해서 잘 몰랐었다. 그 시절에 부천시 범박동에 있던 전도관에 몇 번 가본 적이 있다. 교주 박태선이 안수한 물이 기적의 물이라고 주장하며, 그 물이 병을 낫게 한다는 것이었다. 또 자기를 믿어야만 심판을 면하고 천국에 들어갈 수 있다는 것이었다. 사람들이 구름떼같이 몰려들었다. 패물이며 부동산까지 전도관 교주인 박태선에게 바치고, 결국 가정까지 파괴된 사람들이 허다했었다. 당시 박태선은 자기가 재림주라고 선포했고 신도들은 그렇게 믿었던 것이다.

통일교, 구원파, 신천지도 이단종교이다. 이들은 주로 요한계시록을 자기들의 왜곡된 교리에 일치하도록 주관적으로 해석해서 적용한다. 이 이단들의 주장에 의하면, 기성교회는 성경을 잘못 알고 있으며, 자기들의 교리가 참 진리라고 궤변을 늘어놓는다. 기성교회에는 구원이 없고 자기들의 신앙을 따라야 구원 받는다고 강조한다. 이들은 교세 확장과 자기들의 부와 번영을 위하여 성경 지식이 미약한 신도들을 속여서 돈과 재물을 갈취했던 것이다. 그로인해 그들의 자손들은 대기업이나 중소기업을 만들어서 운영해 나가고 있다.

한국 기독교가 지속적으로 성장하지 못하는 근본적인 문제점은 어디에 있을까? 혹시 한국 기독교가 하나님의 말씀이 가르치는 본질에서 벗어났기 때문이 아닐까? 이러한 문제점은 개별 교회의 문제이기도 하겠지만, 나아가 한국 기독교의 전반적인 목회 철학을 근본적으로 재고해 보아야 할 필요가 있을 것이다.

첫째 : 예수 믿고 구원받아 천국가야 한다(내세소망).

둘째 : 예수 믿고 간구하면 병 고침을 받을 수 있다(신유신앙).

셋째 : 예수 믿고 충성하면 이 세상에서 복을 받

는다(기복신앙).

넷째 : 예수만 믿으면 구원 받는다(주여주여신앙).

언뜻 들으면 맞는 말이기도 하다. 인간의 영적인 갈망과 현실적인 욕구를 충족시켜 주는 이와 같은 달콤한 메시지는 사람들을 일시적으로 매혹시킬 수 있다. 하지만 하나님의 말씀이 가르치는 공의, 진리, 행함, 사랑이 결여되어 있는 메시지는 예수 그리스도가 오신 근본 목적과 본질에 부합되지 않는다.

사람들은 누구나 건강하고 복 받고 내세에 천국 가는 것을 간절히 소망한다. 한국의 기독교는 어떤 면에서 신앙의 본질보다 번영신앙, 기복신앙, 신유신앙을 강조해 왔다. 그래서 영적인 분별력이 없는 신자들을 비본질적인 신앙의 길로 걸어가게 했다. 예수 그리스도의 기본사상과 본질에서 떠난 기독교는 더 이상 나갈 수 없는 한계에 부딪히게 마련이다. 그러면 신자들은 방황하고 실망과 좌절에 빠지게 된다. 한국 기독교가 사회로부터 왜 신뢰를 잃어가고 있을까? 지도자들의 문제가 크다. 교회 안에 파벌로 인한 갈등과 분쟁, 재정적 불투명과 비리가 만연해 있다. 또한 온갖 추잡한 세상 죄가 교회 안에서 행해지고 있다. 죄악의 행위에 대한 응징도 가볍게 처리되고 있다. 이제까지 신앙생활을 하는 동안 나는 이러한 현실을 수없이 많이 목격해 왔다.

사도 바울은 고린도교회의 성도들에게 "내가 또한 가장 좋은 길을 너희에게 보이리라"(고전12 : 31)고 말하면서, 고린도전서 제 13장에서 사랑에 대해서 말한다. 사랑은 하나님 나라에서 가장 숭고한 삶의 원리이자 방법이다. 사랑은 하나님 나라가 임

했다는 것, 하나님의 통치가 이루어지고 있다는 것을 지금 여기서 보여준다. 예수님은 이렇게 말씀하셨다. "하나님의 나라는 볼 수 있게 임하는 것이 아니요 또 여기 있다 저기 있다고도 못하리니 하나님의 나라는 너희 안에 있느니라"(눅17 : 20~21). 하나님 나라는 하나님이 계신 곳에도 있지만, 또한 삼위일체 하나님의 공동 사역을 통해서 이 땅에서도 그 통치가 이루어지고 있다. 곧 그리스도와 성령 안에서 의와 평강과 희락이 이루어질 때 하나님의 나라가 세워져가는 것이다(참조. 롬14 : 17). 그리고 하나님의 나라는 새 하늘과 새 땅에서 온전히 이루어질 것이다.

> 지금 이 순간을 의식하며 영원을 내다보라.
> 지금 이 순간은 영원의 불꽃(절정)이다.
> 천국은 오늘 내 마음속에 있다.
> 하나님의 통치는 지금 이 순간 내 마음속에서 이루어진다.

4. 이생과 미래의 분별

전지전능하시고 공의로우신 하나님은 이 시간에도 심판을 계속하고 계시다. 선하게 살면 상을 받고, 악을 행하면 벌을 받는다. 악을 행한 사람이 이 세상의 법정에서 벌을 받지 않는다고 하더라도, 그의 내면에는 이미 하나님의 심판이 임하고 있다. 곧 그의 마음속에는 진정한 기쁨과 평안과 사랑이 없다. 하지만 하나님은 최후의 심판까지 밀과 가라지가 동시에 자라도록 허락하시기도 한다(참조. 마 13 : 36~43).

부활의 의미도 생물학적 죽음에서 다시 살아남이 아니고 육체만 살아 있을 뿐 영적으로 죽은 상태에 있던 자(탕자)가 구원받아 영적으로 다시 거듭난 상태를 의미한다고 본다(고전15 : 44).

재림도 보혜사 성령으로 우리 곁에 이미 와 계신 것이다(요14 : 16). 따라서 모두 이생과 미래로 두 가지로 분별해서 이해해야 될 줄로 생각된다. 그리고 미래에 소망에 속한 것들은 자연의 이치에서 찾아볼 수 있으며 그 자연의 이치는 하나님이 주신 진리임으로 자연의 이치와 비교해 보는 것도 큰 도움이 될 것이다(번식 사이클)(고전15 : 35~44).

"우리는 부분적으로 알고 부분적으로 예언하고" 있으나 천국에 이르러 모든 것이 온전케 되면 그때

불완전한 것은 사라질 것이다. 마치 어린아이가 알고 있던 불완전한 지식이 장성한 사람이 되어서는 어린아이의 지식을 벗어나듯이, 불완전한 거울(청동 거울)은 거울 속에 비치는 정상적인 얼굴의 상을 일그러뜨렸다. 마치 우리가 하나님에게 완전히 알려지듯이 부분적인 지식이 충만한 지식에게 자리를 내어 줄 것이다(고전13 : 9~13).

바울은 고린도전서에 당시 교회 내에서 문제되고 있는 죽음과 부활 등 오늘날 모든 성도들이 궁금하게 여기는 많은 문제들을 답변하는 내용들이 기록되었다. 바울은 우리들을 위해 고초를 겪고 십자가를 지신 그리스도의 사랑과 희생의 정신을 생각하면서 교회문제가 자연히 해결될 것으로 확신했다.

"그런즉 믿음, 소망, 사랑 이 세 가지는 항상 있을 것인데 그 중에 제일은 사랑이라"(고전13 : 9~13)

사도 바울은 모든 문제의 궁극점은 사랑으로 결론 지었다.

국어사전을 보면

이생…이 세상에 살아있는 동안

미래…장래, 오지 않을 때, 죽은 뒷세상, 내세, 라고 설명하고 있다. 사실 미래의 영혼의 세계는 언제, 어떻게 될 것이라고 누구도 확실히 단정할 수 없고 다만 소망에 둘 뿐이다. 그래서 이 소망에 문제들(재림, 심판, 부활, 천국 등)을 미래의 소망에 두고 갈망하며 기대하게 하는 것보다는 이 소망을 이생에서 찾고 하나님의 본질에 따라 이생의 삶에 충실하도록 인도함이 매우 중요하다고 본다. 지금껏 소망을 미래에 두고 강조해 왔기 때문에 말씀의 본질을 벗어난 이단들이 독버섯처럼 계속해서 발생되고 있다고 생각된다. 기독교 신앙에서 소망이 중요하

며 소망을 강조하지 않으면 성도들의 믿음이 약해
질까 염려하여 미래소망을 강조해 왔기 때문에 이
를 악용한 이단들의 부작용도 그만큼 크게 나타나
고 있는 것 같다.

여기서 신앙생활의 성숙도를 3단계로 구분해서
생각해 본다.

1단계 : 예배 참석의 신앙이다… 초보적 단계의
신앙이다.

2단계 : 무엇인가 바라기만 하는 신앙이다… 어
린아이와 같은 산타(Santa) 신앙이다.

3단계 : 사랑의 신앙이다… 장성한 믿음으로 선
한 사마리아 사람의 신앙이다.

초보적인 신앙은 단순히 교회에 가서 예배드리고
끝나는 것이다.

어린아이들이 산타의 선물을 기다리듯이, 무엇인가 바라기만 하는 신앙은 물질, 건강, 번영 등 현실의 복과 단순히 내세의 복을 기대한다.

반면에 사랑의 신앙은 이웃에게 베풀고 서로 나누며 배려할 줄 아는 선한 사마리아 사람의 신앙이다.

지금 교회와 이 세상에서는 무엇보다도 하나님의 공의와 사랑이 필요하다. 하나님의 본질이요, 기독교 신앙의 본질인 공의와 사랑으로 무장하여, 종과 증인의 사명을 감당해야 한다. 그 과정에서 예수의 인격과 삶을 닮아가며, 하나님께 영광 돌리는 성숙한 신앙인이 되어야 한다. 그래야 교회는 이 세상에서 빛과 소금의 역할을 감당할 것이다.

교회가 하나님의 진리의 말씀을 올바로 정확하게 이해해서 선포하지 않고, 신자들이 단순히 사도신경을 외우게 하고 설교를 듣는데 그친다면, 또는 이 세상에서 성공하고 번영하는 것만을 바란다면, 기독교는 현대사회에서 결코 선하고 의로운 영향력을 발휘하지 못할 것이다.

성도들이 이단에 빠지지 않고 건전한 신앙생활을 하게 할려면 미래의 소망 문제에 빠지지 않도록 이 생의 신앙생활에서 절대로 사랑이 중요함을 강조하여 교육해야 된다고 생각된다.

진정한 기독교 신앙은 그때그때 일어나는 삶의 사건이라는 현실에서 구하고 찾고 두드려서 성령의 능력을 덧입어

① 영적으로는 하나님의 형상으로의 회복을 이루며(원래 창조 때의 하나님의 형상인 신성과 거룩함을 다시 회복하는 것으로 신의 성품, 즉 하나님의 본질과 요소인 사랑으로의 회복을 말한다).

② 육적으로는 내가 원치 않는 모든 것에서부터 해방(구원)을 얻는 실질적인 신앙이며

③ 또한 성령으로 살아서 역사하시는 하나님을 감각하고 동행하며 항상 기사와 이적의 은혜를 체험해 나가는 살아있는 종교인 것이다(골 3 : 10).

지금도 그리스도는 영으로 재림하셔서 현대문명을 살아가는 우리에게 하나님의 섭리에 따라 각 개인에게 성령으로 인도해 주고 계신다. 성령은 사랑의 터 위에 강림하시기 때문에 예수님은 타 종교와 같이 윤리와 도덕적인 규범이나 지침을 내려주지 않고 오직 사랑 하나만 강조하셨다.

성경에서는 죄에 대한 보응에 대하여 아주 중요하게 언급하셨는데 어떤 잘못을 할지라도 회개만

하면 된다는 식의 잘못된 신앙교육이 문제였던 것이다(마16 : 27, 잠24 : 12, 삼하3 : 39). 그러나 교회에서는 말세와 심판, 사랑에 대해서만 강조해 왔을 뿐 정작 중요한 보응에 대한 경각심, 지금도 심판하고 있다는 "보응의 법칙"을 증거하지 않았기에 오히려 죄의식을 가볍게 생각하지 않았나 싶다.

또한 죄에 대한 보응으로 징계를 받으면서도 연단이라고 생각하고 있으며 마치 보응은 불신자에게나 일어나는 것이고 교회는 무조건 용서로 선택 받은 선민사상에 심취하고 있는 것 같다.

구약시대와 신약시대의 구분

① 야훼 하나님 시대(성부) … 구약시대 (이 시대에도 하나님의 아들과 성령은 성부와 함께 활동하심)

② 예수 그리스도 시대(성자)… 예수의 출생부터 부활 및 승천 사건까지

③ 성령 시대(성령)…오순절 성령강림 사건부터 그

리스도의 재림까지(하지만 삼위일체 하나님 곧 성부,

성자, 성령은 언제나 신비로운 하나됨을 이루시며, 창조와

구원과 구원을 완성시키는 사역에서 항상 함께 일하신다.)

삼위일체의 사역

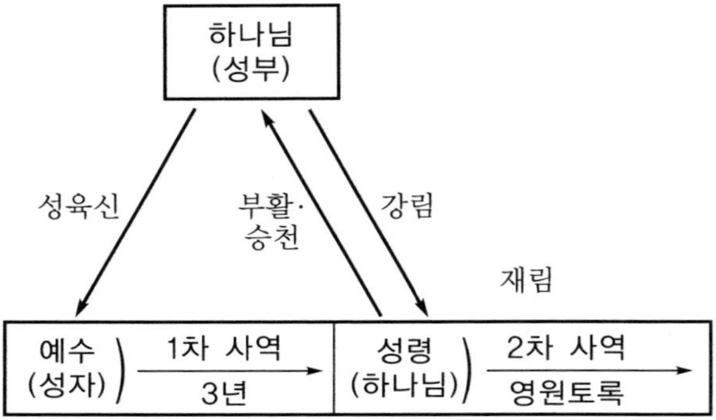

5. 성령의 음성과 사명

① 음성을 들을 때

갓난아기는 드러누워 있기만 한다. 얼마 지나면 기어 다닌다. 돌이 지나면서 걷는다. 점차 성장하면서 뛰어다니게 된다. 어린아이는 생각하는 것도 처음에는 단순하다. 그래서 보고 듣는 것만 말한다. 초등학교 교육을 받고 중·고등교육을 받으면서 성장하여, 자기의 주관(主觀)을 갖게 된다. 그러면 사람들의 속임수와 간사한 유혹에 쉽게 빠지지 않게 된다(참조. 엡4 : 13~14).

신앙생활도 마찬가지다. 처음에는 심오한 뜻도 잘 모른 채 주기도문, 사도신경, 십계명 등을 외우기 시작한다. 그 다음 성경을 읽고 설교를 듣고, 몇 년 더 다니면 봉사활동도 하게 된다. 그런데 대부분의 신도들은 여기서 성장이 멈추고 만다. 하지만 하나님의 말씀을 지속적으로 읽고 연구해서, 말씀에 대한 지식과 지혜를 점차 넓고 깊게 해나가야 한다. 또한 하나님과 동행하는 삶을 살기를 간구하면서, 성령 충만을 사모해야 한다.

그러면서 그리스도와 하나됨을 이룬 채 성령님과 더불어 모든 선하고 유익한 것을 위해서 하나님 아버지에게 기도해야 한다. "이와 같이 성령도 우리의 연약함을 도우시나니 우리는 마땅히 기도할 바를 알지 못하나 오직 성령이 말할 수 없는 탄식으로 우리를 위하여 친히 간구하시느니라 마음을 살피시는 이가 성령의 생각을 아시나니 이는 성령이 하나님의 뜻대로 성도를 위하여 간구하심이니라"(롬8 : 26~27). 우리는 하나님 말씀의 지혜와 성령의 깨우치심과 인도하심을 통해서 점점 더 성숙한 그리스도인으로 성장해 나갈 수 있다.

하나님께 영광 돌리는 삶이 우리의 삶의 목적이
되어야 한다. 그 중에 첫째 방법으로서, 하나님은
우리가 그분께 예배드리는 것을 가장 기뻐하신다.
나아가 하나님을 기쁘시게 하는 우리의 모든 행동
이 삶으로 드리는 예배이다. 그래서 바울은 이렇게
권면한다. "그러므로 형제들아 내가 하나님의 모든
자비하심으로 너희를 권하노니 너희 몸을 하나님이
기뻐하시는 거룩한 산 제물로 드리라 이는 너희가
드릴 영적 예배니라"(롬12 : 1).

② 하나님의 나라

사람들은 유토피아(理想鄕)를 꿈꾼다. 가끔 기독교
인들이 단체로 모여서 마을을 형성하고, 그곳을 이
상적인 마을로 만들려고 애쓰는 모임들이 있다. 그
들은 에덴동산과 같은 마을을 만들어서, 모두 공동
으로 일하고 공동으로 생활하는 이상형의 집단 마

을을 형성하고자 한다.

또한 이단종파들도 집단농장, 집단사업체를 만든다. 그들은 그곳을 지상 천국을 만든다는 명목으로 많은 재물을 끌어 모아서, 사업을 한다고 속인다. 결국 이단으로 넘어간 신도들은 이용당하고, 가정은 파산된다. 이단 교주들은 갈취한 재물로 막대한 권력과 부를 누린다. 또한 그의 후손들은 그것으로 영리를 목적으로 하는 기업체를 세워서 호화롭게 살고 있다.

첫째 : 하나님의 나라는 영토적 개념이 아니다.

이상적인 마을이나 장소를 의미하는 것이 아니라는 뜻이다.

"바리새인들이 하나님의 나라가 어느 때 임하니이까 묻거늘 예수께서 대답하여 이르시되 하나님의 나라는 볼 수 있게 임하는 것이 아니요 또 여기 있다, 저기 있다고도 못하리니 하나님의 나라는 너희 안에 있느니라"(눅17 : 20~21). 예수님은 하나님의 나라가 세상적인 어떤 장소, 곧 영토적 개념이 아니라는 뜻에서 이와 같이 말씀하신다. "너희 안에 있다"는 것은 영적 실재를 말하며, 성령님이 실질적으로 내주하는 것을 가리킨다. 나아가 성령님과 더불어 삼위일체 하나님이 신비로운 방법으로 내주하는 것을 가리킨다.

예수님 당시에 많은 유대인들은 메시아가 오면, 로마의 세력을 물리치고 예루살렘에 메시아 왕국, 곧 새로운 이스라엘을 건설할 것이라고 믿었다. 그래서 그들은 예수님께 이런 왕국이 언제쯤 건설되느냐고 물었던 것이다. 그러나 예수님은 하나님의 나라가 현세적인 권력과 물질적인 관점에서 임하는 것이 아니라는 취지에서 말씀하신다. 왜냐하면 하나님의 나라는 영적 실체로서 가루 속의 누룩처럼 내적으로 스며들며 성장하는 것이기 때문이다.

하나님의 나라가 "너희 안에" 있다라는 표현은 하나님의 자녀 개개인을 가리킬 수도 있고, 또한 신앙 공동체를 가리킬 수도 있다. 자기의 죄를 자복하고 예수님을 나의 구주로 영접하면, 그는 죄 사함 받고 영생을 얻으며, 또한 그의 안에 성령님이 거하신다. 성령님은 참된 신자 개개인 안에도 거하시며, 동시에 신앙 공동체(교회) 안에서도 거하시며 일하신다. 또한 "하나님의 나라는 먹는 것과 마시는 것이 아니요 오직 성령 안에 있는 의와 평강과 희락이라 이로써 그리스도를 섬기는 자는 하나님을 기쁘시게 하며 사람에게도 칭찬을 받느니라"(롬14 : 17~18).

둘째 : 하나님의 나라는 공간적 개념이 아니다

처음 교회 다닐 때, 곧 1960년 및 70년대에 하나님의 나라를 대체로 천당 또는 천국이라는 개념으로 선포하는 설교를 들으면서 신앙생활을 했다. 다시 말해서 하나님의 나라는 하늘 공간 어디엔가 존재하는 이루 말할 수 없이 넓은 저택 또는 궁전 같은 곳이 아닌가라고 생각했다. 문자 그대로 이해한다면, 천당(天堂)이란 하늘천 자에 집당 자다. 곧 "하늘 공간에 있는 집"이라는 뜻이다. 천국(天國)은 "하늘에 있는 나라"라는 뜻이다. 지금 생각하면 왜 그렇게 가르쳤는지? 왜 그렇게 인식하도록 선포했는지? 이해가 되지 않는다. 예수님은 분명히 "하나님의 나라는 너희 안에 있느니라"고 강조하셨다. 따라서 하나님의 나라는 단순히 어떤 공간을 뜻하지 않는다.

하나님의 나라는 넓고 크고 호화로운 집에서 잘

먹고 잘 입고 잘 사는 물질적인 가치에 있는 것이 아니다. 그 대신 예수 그리스도를 구주로 영접하므로, 죄 사함 받고 영생을 얻으며, 또한 성령 안에서 의로워지고 평안하며 기쁨을 누리는 것이다. 나아가 이 세상에 사는 동안 하나님의 뜻을 추구하고, 하나님의 말씀에 순종하며, 하나님과 동행하며, 믿음 소망 사랑의 삶을 살아가는 것이다.

셋째 : 하나님의 나라는 사후적 개념이 아니다

하나님의 나라에 대해서 다음과 같이 간결하게 요약적으로 말할 수 있다. "하나님의 나라는 이미 왔다. 그러나 아직 완전히 이루어지지 않았다. 이 세상의 역사 과정 속에서 하나님의 나라는 온 세상에서 이루어져 가고 있다." 따라서 하나님의 나라는 단지 죽은 다음에만 이루어지는 것이 아니다. 요한계시록에서 언급되는 새 하늘과 새 땅은 하나님의 나라가 궁극적으로 완성된 상태를 가리킨다.

　대부분의 신자들은 하나님의 나라를 영토적 개념이나 공간적 개념이나 또는 사후적 개념으로 이해하고 있다. 하나님의 나라에 대해서 올바로 가르치고 전달했다면, 한국 기독교가 지금처럼 혼탁해지지 않았을 것이다. 또한 이단종파들이 계속해서 발생하지도 않았을 것이다. 지금도 하나님은 지구촌과 한국 기독교를 내려다보시며, 모든 사람들이 하나님의 길로 돌아와서 하나님을 기쁘시게 하기를 바라신다. 또한 모든 하나님의 자녀가 이웃을 사랑하며 하나님의 형상 그 자체인 예수 그리스도의 마음과 생각과 삶의 발자취를 닮아가기를 간절히 원하신다.

③ 부르심을 입은자

바울은 로마서 8장에서 하나님의 자녀, 그리스도인에 대해서 이렇게 말한다.

"만일 너희 속에 하나님의 영(성령)이 거하시면

너희가 육신에 있지 아니하고 영에 있나니

누구든지 그리스도의 영이 없으면 그리스도의 사람이 아니라"(롬8 : 9).

"육신의 생각은 사망이요 영의 생각은 생명과 평안이니라"(롬8 : 6).

"우리가 알거니와 하나님을 사랑하는 자 곧 그의 뜻대로 부르심을 입은 자들은

모든 것이 합력하여 선을 이루느니라"(롬8 : 28).

육신의 생각에 몰두해 있는 사람은 영적으로 이미 죽은 것이다. 그에게는 참 생명이 없다. 또한 그의 심령 속에 성령 하나님이 주시는 참 평안과 기

쁨과 위로가 없다. 그래서 그는 항상 불안과 초조
함과 불평과 불만 속에서 갈등하고 고민하며 살아
간다.

하나님의 자녀는 현재와 미래와 영원에 대해서
초조해하거나 불안해하지 않는다. 왜냐하면 창조
자, 구원자, 완성자이신 성부, 성자, 성령 하나님이
언제나 그와 함께 하시고 동행하시며 그를 진정한
선(善)과 의로움과 형통과 승리의 길로 이끄실 것이
기 때문이다. 우리에게 일어나는 어떤 일도 삼위일
체 하나님의 섭리와 계획에 기초한 돌보심에서 벗
어날 수 없다. 따라서 우리는 언제나 하나님을 신
뢰하고 의지하며, 그분 안에서 기뻐하고 즐거워하
며 소망을 품고 살아갈 수 있다.

"우리가 알거니와 하나님을 사랑하는 자 곧 그의
뜻대로 부르심을 입은 자들에게는

모든 것이 합력하여 선을 이루느니라"(롬 8 : 28)

“너희 안에서 착한 일을 시작하신 이가

그리스도 예수의 날까지 이루실 줄을 우리는 확

신하노라”(빌1 : 6).

우리에게 가장 의미 있고 가치 있는 일은 우리가

하나님을 알고, 하나님이 함께 하심을 깨닫고 의지

하며, 하나님을 찬양하는 것이다. 그러므로 우리가

이 최종적인 “선(善)”에 이르게 하기 위해서 하나님

은 가난, 고통, 질병과 같은 어려움이 우리에게 닥

치는 것을 허용하기도 하신다. 우리는 가난과 고통

과 질병의 한가운데서도 기쁨과 평안과 소망을 가

질 수 있다. 왜냐하면 우리를 사랑하시는 하나님은

그와 같은 것을 통해서 우리를 더 강하고 성숙한 그

리스도인으로 빚어 가신다는 사실을 알기 때문이

다. 하나님이 “부르심”은 단지 복음을 받아들이라

는 것만이 아니라, 또한 하나님과 가장 친밀한 사

랑의 관계를 맺도록 한 사람 한 사람 초대하시는 것이다. 이 부르심은 하나님의 뜻을 따르는 것이며, 그것의 목적은 궁극적으로 우리가 "그 아들의 형상을 본받게" 하려는 것이다

6. 영생(永生)

예수께서 주시는 영원한 생명(눅10 : 25, 요3 : 16)
또 예수 그리스도 자신(요일1 : 2)

그리스도인이 영원히 사는 것을 믿는다고 고백하는 것은 단순히 물리적인 측면에서 시간을 무한히 연장하여 산다는 말이 아니다. 성경에서 영생은 단순히 죽음에서 탈피한 불멸의 생명, 곧 그저 영원히 죽지 않는 삶을 가리키지 않는다. 반면에 죄와 사망의 권세로부터 완전히 해방된 구원과 자유와 생명을 일컫는다. 더욱이 장차 임할 천국에서의 삶

만을 의미하지 않고, 그리스도를 믿은 이후 곧바로 이 세상에서도 소유하게 된 영원한 삶을 가리킨다.

성경의 내용을 요약하면 영생은 다음과 같다.

① 하나님과의 새롭고 영속적인 관계에 들어가는 것이다(요17 : 3, 롬5 : 20).

② 새로운 생명을 덧입는 것이다(요5 : 24, 롬6 : 11).

③ 하나님과 예수 그리스도를 아는 것이다(요17 : 3).

④ 예수 그리스도를 믿음으로 성령의 능력으로 거듭나는 것이다(요3 : 5; 딛3 : 4~7).

⑤ 세상 마지막 날 완성되는 것이다(요6 : 40).

따라서 누구든지 자신이 죄인이라는 것을 인정하고, 자신의 죄악을 자백하며, 예수 그리스도를 자신의 구주로 믿기만 하면, 영생을 얻는다(요3 : 15~16, 6 : 47, 11 : 25~26, 20 : 3).

7. 의의 면류관

자신이 이 세상을 떠날 날이 가까이 왔다는 것을 느끼고, 바울은 디모데에게 자신의 이제까지의 신앙 여정과 신앙 고백을 다음과 같이 간략하게 써 보냈다.

"나는 선한 싸움을 싸우고 나의 달려갈 길을 마치고 믿음을 지켰으니 이제 후로는 나를 위하여 의(義)의 면류관이 예비 되었으므로 주 곧 의로우신 재판장이 그 날에 내게 주실 것이며 내게만이 아니라 주의 나타나심을 사모하는 모든 자에게니라"(딤후4 : 6~8).

여기서 바울이 말하려는 것은 디모데에게 본을

보이기 위함이다. 그는 자기 때가 얼마 남지 않았음을 인지했다. 그는 자기가 맡은 일이 거의 끝났다는 것을 알고 있었다. 그러나 바울은 큰 확신을 갖고 있다. 바울은 자기가 한 일을 결코 부끄럽게 여기지 않는다. "믿음을 지켰다"는 말은 바울이 이미 디모데에게 의탁한 그리스도의 가르침이라는 것을 암시한다.

또 바울은 자신에게 그것을 맡긴 분에게 충성했다는 것을 말한다. 8절에서 승리의 음성이 울려 퍼진다. 바울은 자신이 "면류관"을 받는 것에 대해서 전혀 의심하지 않는다. 그는 아마도 육상 경기에서 승리한 사람들이 머리에 쓰는 월계관을 염두에 두고 있었을 것이다. 그러나 그는 그 면류관을 "의"의 면류관이라고 묘사한다.

그 이유는 그가 받을 상이 영적인 특성을 지닌 것으로서 영원히 썩지 않는다는 것을 넌지시 알려준다. 그 의는 바울 자신이 성취한 것이 아니라, 하나님이 은혜로 주신 것이다.

하나님은 의로우신 재판장이시다. 따라서 의롭지 않은 것은 어떤 것이든지 주실 수 없다. 여기서 그 "날"은 그리스도께서 나타나실 마지막 날을 의미한다. 그 날은 바울이 다른 곳에서 "그리스도의 심판대"라고 부르는 것을 가리킨다. 그는 그 썩지 않을 영광스러운 면류관이 모든 그리스도인에게 곧 그리스도의 다시 오심을 간절히 바라는 자들에게 주어질 것이라고 말한다.

이 세상에서 믿음을 지키며 의롭게 살면, 심판 날에 그리스도에게서 의의 면류관을 받는다. 신자는 내세의 심판을 걱정할 필요가 없다. 이 세상의 육상 경기에서 모든 선수들은 상을 받으려고, 저마다 최선을 다해 힘껏 달린다. 이와 같이 믿는 자들에게 의의 면류관이 준비되어 있으므로, 신자들도 믿음의 선한 싸움에서 승리하기 위해서 저마다 최선을 다해 의롭고 신실하게 살아야 하지 않을까? 선한 싸움을 싸우며 믿음을 지키고 의롭게 사는 성도들에게 하나님은 성령의 은사들을 주시며, 또한 성령의 열매를 맺게 하신다.

인간은 십자가를 지시고 인류의 죄를 위한 대속물이 되어, 마침내 하나님의 의를 이루신 예수 그리스도를 자신의 구주로 영접할 때, 그리스도의 의로움으로 말미암아 "의롭게 된다" 또는 "의롭다고 여김을 받는다." 이것을 신학적으로 칭의(稱義)라고 한다.

말하자면 실상은 의롭지 못하지만 의롭다고 인정 받는 것, 곧 실제로는 흠이 없고 완전무결한 상태 가 아니지만, 그리스도의 십자가의 공로로 말미암 아 그리스도의 의로움을 덧입게 되어, 하나님으로 부터 의롭다고 인정(선언)받은 상태를 가리킨다.

8. 은혜와 축복(복)

은총 : 하나님께서 내려주시는 특별한 사랑.

성경에서 은총은 구속사적인 맥락에서 특별히 사 죄와 구원의 은혜라는 뜻으로 쓰인다(창32 : 10).

은혜 : 윗사람이 아랫사람에게 베푸는 친절이나 사랑.

성경은 하나님이 값없이 베푸시는 선물, 특히 아 무런 조건 없이 죄인을 용서하고 구원과 영생을 주시는 하나님의 초월적 사랑이라는 뜻으로 이 단어가 많이 사용되고 있다. 예수 그리스도의 성육신과 십자가 사역은 하나님 은혜의 최고봉이다.

① 이 은혜는 분명 죄인이 구원을 얻는 유일한 통로의 수단이자 성도에게 구원과 영원한 생명을 보장해 주는 하나님의 주권적인 행동이다(엡2 : 5, 딛2 : 11).

② 이 은혜야말로 성도로 하여금 경건과 거룩한 삶을 유지하게 하는 지속적인 힘이 된다(행11 : 23, 20 : 32, 고후9 : 14).

③ 이 은혜는 하나님의 뜻대로 주시고(출33 : 19), 때를 따라 주시고(사49 : 8, 고후6 : 2, 히4 : 16), 쌓아두고 주시며(시31 : 19), 또한 풍성하게 주신다(엡1 : 7).

④ 이 은혜는 택한 백성에게 약속되어진 것으로

(사30 : 18, 60 : 10) 특별히 하나님을 사랑하고(출 20 : 6) 정직하고(잠14 : 9) 겸손하며(잠3 : 34, 약4 : 6, 벧전5 : 5) 긍휼을 바라며 죄를 회개하는 사람에게 주어진다(롬5 : 20, 히4 : 16).

(1) 하나님의 은혜를 큰 틀에서 세 가지로 분류해 본다.

첫째 : 자연을 통해서 주시는 은혜다(일반은총). 하나님은 햇빛, 물, 공기를 누구에게나 값없이 공짜로 주시고 있다. 하나님의 이와 같은 일반은총이 없다면, 인류와 모든 생물은 한 시간도 살 수 없을 것이다.

둘째 : 구속의 은총으로 주시는 은혜다(특별은총). 온 인류를 구원하기 위해 주시는 십자가의 사랑이다. 하나님의 이와 같은 구속의 은총이 없다면, 인

류는 구원받을 방법이 없다.

셋째 : 값없이 주시는 은혜다(잠16 : 9).

하나님은 우리들의 사정을 아시고 때마다 또한 꼭 필요할 때마다 선한 길, 복된 길로 인도하신다.

(2) 어떻게 하나님의 은혜를 받을 수 있을까

① 은혜는 내가 받고 싶다고 해서 주어지는 것이 아니다. 반면에 하나님의 섭리와 주권과 뜻대로 주신다. 하나님은 은혜를 베풀 자에게 은혜를 베푸신다. "나는 은혜 베풀 자에게 은혜를 베풀고 긍휼히 여길 자에게 긍휼을 베푸느니라"(출33 : 19).

② 하나님을 사랑하고 계명을 지키는 자에게는 천대까지 은혜를 베푸신다(출20 : 6).

③ 정직한 자에게 은혜가 있다(잠14 : 9).

④ 하나님은 죄를 회개하는 사람에게 은혜를 베푸신다(롬5 : 20). "그러므로 우리는 긍휼하심을 받고 때를 따라 돕는 은혜를 얻기 위하여 은혜의 보좌 앞에 담대히 나아갈 것이니라"(히4 : 16).

나의 신앙생활을 되돌아보면, 그동안 헤아릴 수 없이 수많은 은혜를 받았다. 하나님은 내가 원해서 그 은혜를 주신 것이 아니었다. 나는 하나님이 그분의 섭리와 계획과 뜻대로 은혜를 베푸셨다는 사실을 깨닫게 되었다. 그것은 결코 우연이 아니었다.

하나님의 은혜와 축복(복)을 간략하게 정리해 보자.

은혜는 값없이 주어지는 하나님의 사랑의 선물이다. 반면에 축복(복)은 하나님을 신뢰하고 의지하며,

나에게 주어진 여건 속에서 하나님의 말씀의 지혜
가 가르쳐주는 대로 최선의 노력을 기울일 때 주어
지는 선물이다. 우리의 인생길에서 하나님의 은혜
와 복을 다 받을 수 있다면 참으로 행복한 삶이 될
것이다. 하나님은 그분의 말씀을 통해서 그 길을
가르쳐주신다.

"사람이 마음으로 자기의 길을 계획할지라도
그 걸음을 인도하시는 이는 여호와시니라"(잠16 : 9.)

"여호와께서 집을 세우지 아니하시면 세우는 자
의 수고가 헛되며
여호와께서 성을 지키지 아니하시면 파수꾼의 깨
어 있음이 헛되도다.
너희가 일찍이 일어나고 늦게 누우며 수고의 떡
을 먹음이 헛되도다"(시127 : 1~2).

"그런즉 너희는 먼저 그의 나라(하나님 나라)와 그의 의(하나님의 의)를 구하라.

그리하면 이 모든 것을 너희에게 더하시리라"(마 6 : 33)

축복과 행복

1. 왜 신앙생활이 필요한가?

첫째 : 구원을 위하여

예수님이 이 땅에 오신 가장 큰 목적은 사람들을 죄와 사망에서 구원하시고 그들에게 영생을 주시려고 오셨다. 죄와 고통과 죽음으로부터 구원하고, 하나님의 의와 사랑을 깨달아 알게 하고, 성령으로 충만하여 하나님 나라에 들어가는 축복의 은혜를 주시려는 것이다.

6.25전쟁 때 겪은 일이었다. 피난을 가기 위해 소래포구에서 배를 타고, 충남 당진군 송산면의 작은 포구까지 가는 도중에, 화성시 남양 앞바다에서 배가 칼날같은 암초에 걸려 멈추게 되었다. 하필이면 썰물 시간대라서 바닷물이 나가고 있었다. 그러자 배가 한쪽으로 기울어지기 시작했다. 배 안에는 수

십 명이 타고 있었다. 배가 한 쪽으로 넘어져서 침몰할 것 같아서 사람들은 불안에 떨고 있었다. 그때 나이가 많이 드신 유학자 한분이 이렇게 말했다. "우리 모두 조용히 양쪽으로 갈라 앉아서, 움직이지 말고 눈을 감고 하나님께 기도합시다."

그러자 배 안은 조용해졌다. 저마다 마음속으로 또는 작은 목소리로 기도했다. 침묵의 시간이 흘러갔다. 약 40여 분이 지나 갔을 때였다. 갑판 위에서 "바닷물이 다시 들어오고 있어요!"라고 반갑게 외치는 소리가 들려왔다. 기적 같은 일이 일어났다. 바닷물이 들어오자 배는 다시 바로 세워졌다. 그러자 다시 항해할 수 있게 되었다. 마침내 무사히 당진항에 도착하게 되었다. 이러한 경우 신앙인들은 하나님이 은혜를 베푸셔서 기적을 통해서 구원해 주셨다고 믿는다.

둘째 : 성숙을 위하여

① 하나님의 자녀는 하나님의 말씀인 진리와 가까이할 때 성숙해진다. 세상 학문과 철학과 지식만으로 영적인 성장과 성숙은 이루어지지 않는다.

② 삼위일체 하나님과 또한 신실한 성도들과의 영적 및 인격적인 친밀한 교제를 통해서 성숙해진다.

옛말에 "친구를 보면 그 사람을 알 수 있다"는 말이 있다. 누구와 친하게 지내느냐가 중요하다. 옛시에 "까마귀 노는 골에 백노야 가지 마라"는 시구가 있다. 상징적인 말이지만 하얀색이 검은색과 접촉하면 검은색으로 물든다는 뜻이다.

예배를 통해서 살아계신 하나님을 영적 및 인격

적으로 만나고 하나님의 진리의 말씀을 듣고, 또한 신실하고 의롭게 살려는 많은 성도들과 교제하는 것을 통해서 우리는 영적으로 성장하고 인격이 성숙해진다.

셋째 : 하나님의 인도함을 받기 위해서

성경은 하나님의 말씀이며 진리이다. 성령은 하나님의 계시된 말씀에 기초해서 신자들을 보다 더 깊고 넓은 영적인 진리로 인도한다(요14 : 26; 16 : 13). 또한 성령은 각 개인의 특수한 사정에 따라서 그들의 인도자와 스승의 역할을 한다. 따라서 하나님의 자녀는 성령과 함께 진실하고 간절하게 기도하는 것을 통해서, 성령의 인도를 꼭 받아야 한다. 성령의 인도는 하나님의 섭리, 계획, 뜻 및 말씀과 불가분의 관계에 있으며, 또한 밀접하게 연결되어 있다.

"하나님이 자기를 사랑하는 자들을 위하여 예비

하신 모든 것은 눈으로 보지 못하고 귀로 듣지 못하고 사람의 마음으로 생각하지도 못하였다 함과 같으니라 오직 하나님이 성령으로 이것을 우리에게 보이셨으니 성령은 모든 것 곧 하나님의 깊은 것까지도 통달하시느니라 사람의 일을 사람의 속에 있는 영 외에 누가 알리요 이와 같이 하나님의 일도 하나님의 영 외에는 아무도 알지 못하느니라 우리가 세상의 영을 받지 아니하고 오직 하나님으로부터 온 영을 받았으니 이는 우리로 하여금 하나님께서 우리에게 은혜로 주신 것들을 알게 하려 하심이라 우리가 이것을 말하거니와 사람의 지혜가 가르친 말로 아니하고 오직 성령께서 가르치신 것으로 하니 영적인 일은 영적인 것으로 분별하느니라 ”(고전2 : 9~13).

2. 영적 축복과 물질의 축복

구약시대는 하나님의 축복과 관련해서 영적인 구원과 축복을 강조하면서, 또한 하나님의 율법을 신실하게 지키면 이 세상에서 창대함, 부요함, 번영 등 물질적인 풍요도 주어진다는 약속도 언급되었다.

신약시대는 영적인 구원과 축복이 보다 구체적으로 자세하게 소개된다. 곧 예수를 자기의 구주로 믿으면, 죄 사함과 영생을 얻는다. 또한 하나님 아버지는 그분의 뜻과 계획에 따라서 그리스도 안에서 성령을 통해서 신자들에게 성령의 은사들을 베푸시고, 성령의 열매를 맺게 하신다. 구원을 받은 자들은 하나님에게서 신령한 복을 받아 의롭게 되고, 심령에 평안함과 기쁨이 있으며, 그의 심령과 삶에서 하나님의 통치가 이루어진다.

이처럼 하나님은 영과 육의 복을 주시는 만복의 근원이시다. 그렇지만 많은 사람들은 하나님의 축복이 돈과 재물 등 물질을 많이 소유하는 것이라고 잘못 생각하고 있다. 예수님은 먼저 영적 축복인 심령의 복으로 산상수훈의 팔복을 가르치셨다. 영적인 축복은 절대적인 가치를 지니고 있으며, 반면에 물질적인 축복은 상대적인 가치를 지니고 있다. 성경은 물질적인 축복을 과소평가하지 않는다. 하지만 물질에 대한 탐심에 대해서 종종 경고한다.

산상보훈(8복)교회

물질이 많으면 부자라는 말을 듣는다. 하지만 물질의 다소가 행복과 평강과 기쁨의 기준이 될 수는 없다. 잠언 17 : 1에서 지혜자는 "마른 떡 한 조각만 있고도 화목하는 것이 제육이 집에 가득하고도 다투는 것보다 나으니라"라고 말한다. 또한 지혜자는 하나님에게 이렇게 간구한다. "나를 가난하게도 마옵시고 부하게도 마옵시고 오직 필요한 양식으로 나를 먹이시옵소서 혹 내가 배불러서 하나님을 모른다 여호와가 누구냐 할까 하오며 혹 내가 가난하여 도둑질하고 내 하나님의 이름을 욕되게 할까 두려워함이니이다"(잠30 : 8~9).

물질적 축복은 이 세상에서 살아갈 만큼만 있으면 된다. 신령한 복이 매우 중요한 것이다. 그 복은 인생의 진정한 행복을 좌우한다. 신령한 복은 우리가 하나님과 친밀하게 교제하며 하나님과 동행하는 삶을 살 때, 우리의 심령과 삶에 의와 평강과 기쁨과 사랑 등 성령의 열매를 맺히게 한다. 이것은 인생의 진정한 보물이다. 또한 이것은 우리를 영적으로 성장시키며 우리의 성품을 온전하게 빚어간다.

＊심령이 가난한 자 : 자기의 능력이나 소유를 의지하려는 마음을 비우고, 하나님을 의지하는 자
＊온유한 자 : 땅을 기업으로 받음. 온유한 자와

그의 후손은 이 땅에서 대대로 편안히 산다. 또한 그는 하나님의 나라를 기업으로 물려받는다. 예수님은 자신에 대해서 "나는 마음이 온유하고 겸손하니"(마11 : 29)라고 말씀하셨다.

＊의로운 자 : 배부를 것이요 : 영혼이 흡족한 상태를 의미한다.

천국이 그들의 것 : 영적인 하나님의 나라를 차지할 것이다.

모든 것을 욕망의 눈으로 바라보면, 항상 부족함과 불만을 느낄 것이다.
하지만 모든 것을 감사의 눈으로 바라보면, 항상 풍족함과 만족감을 느낄 것이다.

3. 은사대로 심은 대로

이스라엘에서 성지순례를 할 때, 갈릴리 호수 북부에 위치한 팔복교회를 방문했다. 팔복교회는 4세기경 비잔틴 제국에서 팔복을 설교한 장소를 기념하여 교회를 세웠다. 하지만 614년 페르시아에 의해 파괴되었다. 오늘날의 팔복교회는 1939년 프란치스코 수녀회가 팔복산 정상에 세운 것이다. 유명한 이탈리아의 건축가 안토니오 바를루치(Antonio Barluzzi, 1884~1960년)가 설계했다. 교회의 지붕은 여덟 가지 복을 상징하여 팔각형 구조로 되어 있다. 내부의 여덟 개의 유리창에 라틴어로 팔복의 내용이 하나씩 기록되어 있다.

여기서 일반적으로 말하는 부요와 번영 등의 축복에 대해 생각해 보고자 한다.

사람들은 누구나 물질적인 풍요를 누리고 행복하게 살고자 한다. 모든 종교도 복에 대해서 말한다.

성경에서 복에 대해서 언급하는 구절들을 찾아보았다.

첫째 : 은사대로…각자에게 타고난 재능과 소질이 있다(전3 : 22, 마25 : 15). 또한 하나님은 그분의 뜻과 계획에 따라서 각자에게 필요한 은사들을 주신다.

둘째 : 심은 대로 거둔다(갈6 : 7, 마13 : 8).

셋째 : 달란트대로…각자에게 맡겨진 달란트를 신실하고 충실하게 활용해야 한다(마25 : 15~23).

넷째 : 지혜와 명철대로…꾸준히 배워 지식을 쌓고 지혜를 얻어서 세태(世態)와 사리에 밝아야 한다(잠3 : 13~14).

(**첫째**) 무조건 대학에 입학하고 보자는 식으로 진로를 결정한다면, 곧 후회하고 진로를 바꾸게 된다. 그러므로 자기의 재능과 소질 및 적성, 또한 하나님이 주신 은사에 맞는 일을 찾아야 한다. 그 일을 즐기면서 할 때, 뛰어난 성과가 나타나며 성공의 확률이 높다. "머리 좋은 사람은 노력하는 사람을 이기지 못하고, 노력하는 사람도 즐기는 사람을 이기지 못한다"는 말이 있다.

(**둘째**) 갈라디아서에서 바울은 "사람이 무엇으로 심든지 그대로 거두리라"고 말한다.

선을 행하고 착한 일을 하면 때가 이르러 그대로 거둔다는 뜻이다. 밭에다 씨를 뿌릴 때도 마찬가지다. 좋은 품종을 뿌렸느냐? 어디에 뿌렸느냐? 얼마나 땀을 흘리며 노력했느냐?에 따라 그대로 거둔다는 뜻이다. 시편 기자는 "눈물을 흘리며 씨를 뿌리는 자는 기쁨으로 그 단을 가지고 돌아오리라”(시 126 : 6)고 고백한다.

(셋째) 하나님은 그분의 주권과 뜻과 계획에 따라서 각자에게 달란트를 맡기셨다. 자기에게 맡겨진 달란트가 많건 적건 따지지 말고, 감사하게 받아들이고 최선의 노력을 다하면 된다. 달란트의 비유는 하나님이 주신 능력에 따라 하나님 나라를 위해서 최선을 다하라는 의도를 지니고 있다. 또한 달란트의 비유에 비추어서, 각자가 경험하는 시련과 고난에 다음과 같이 적용할 수 있을 것이다.

모든 시련과 고난은 하나님이 주신다. 그것을 믿음으로 받아들이고 하나님이 주시는 지혜로 대응하면, 하나님은 시련과 고난을 축복으로 바꿔주신다. 고난과 시련을 견디면, 오히려 그것은 은혜와 축복의 길로 이끌어준다.

(넷째) 지혜와 명철을 얻으면 복을 얻는다.

사료공장에서 사육지도 기사로 근무할 때였다. 우리 사료를 먹은 닭들이 갑자기 심한 설사를 하며, 산란율이 급격히 떨어지는 사고가 일어났다. 대체로 염도가 높은 어분을 사용할 때, 닭들이 설사하는 일이 일어날 확률이 높다.

그래서 염도를 낮추기 위해 저염 어분으로 사료를 만들어 먹게 했다. 하지만 설사는 계속되었다. 여러 문헌을 살펴보고, 염도가 높은 사료에서 설사하는 것이 대부분이지만, 드물게 염도가 낮은 사료에서도 심하게 설사를 한다는 사실을 찾아냈다. 그 자료에 근거해서 닭들에게 즉시 소금물을 먹게 했다. 그러자 설사는 곧바로 멈추고 산란율도 정상으로 올라갔다.

하나님이 은혜를 베푸시는 것도, 또한 고난을 허

락하시는 것도 하나님이 그분의 자녀들을 인도하시는 방법이다. 하나님이 베푸시는 은혜와 그분이 허락하시는 고난에는 우리가 그 순간 미처 헤아리지 못하는 하나님의 깊은 뜻과 계획이 숨겨져 있다.

하나님에게서 받은 은사와 달란트대로 또한 심은 대로 살면, 대체로 성공하고 복을 받는다. 그러나 "책 속에 길이 있다"는 말과 같이 하나님이 깨우쳐 주시는 지혜와 명철을 얻어야 축복을 지속적으로 받는다.

"여호와를 경외하는 것이 지식의 근본이어늘
미련한 자는 지혜와 훈계를 멸시하느니라"(잠1 : 7)

"지혜를 얻는 자와 명철을 얻는 자는 복이 있나니"(잠3 : 13)

하지만 하나님의 말씀에 기초한 축복 개념을 파

악하지 못한 채, 단순히 복 받는다는 말을 습관적으로 또는 위로를 주기 위해 무심코 되풀이 하면, 믿음이 깊지 않은 성도들을 영적인 분별력이 없는 맹신자로 만들 수도 있다. 무슨 복을 어떻게 받는지 올바로 가르치지 않은 채, 단지 복 받는다는 말만 되풀이하면, 진정으로 복을 받는 길을 찾지 못할 것이다. 복채만 내면 복 받는다고 엉터리로 강론하다면, 맹신과 불신만 키우게 될 것이다.

농장에서 책임자로 근무할 때 겪은 일이다. 농장에는 산란계, 종계, 부화장이 있었다. 사장님의 호출로 들어갔더니, 병아리가 분양되어 사육농가에 들어가면 3~40%가 서서히 죽어간다는 것이었다. 큰 사고였다. 부화장 담당기사가 그 원인을 찾지 못하여 병아리들이 계속 죽어가고 있는 것이다. 사장님은 나에게 그 원인을 찾아 빨리 해결하라고 지시하셨다. 그 당시 나는 부화에는 전적으로 문외한이었다. 할 수 없이 국내 서적을 찾아보았지만, 적당한 부화 관련 서적이 없었다. 여러 서점을 찾아다닌 끝에 일본어 서적을 발견해서, 다행히 병아리가 죽어가는 원인을 알게 되었다.

부화기에 설치된 흡입구와 배기구에서 그 원인을 찾았다. 부화기 윗부분의 배기구가 적게 열려 있었고, 부화기 전면에 있는 입기구를 통해서 연탄난로에서 일산화탄소(CO)가 흡입되었던 것이다. 따라서 입기구 부근에 있는 부화난부터 서서히 죽어간 것이었다. 일본어 서적을 읽고 중요한 지식을 얻게 되었다. 어떤 사고가 발생했다면, 거기에는 반드시 원인이 있다. 그 원인을 찾아야, 문제를 해결하고 성공하게 된다는 교훈을 얻었다. 사실과 실험에 기초한 자연과학에는 거짓이 없다. 하나님이 지으신

물질세계의 이치와 원리는 그 나름대로의 진리를
지니고 있다.

4. 축복과 하나님의 인도하심

축복을 받는 또 한 가지 중요한 요인이 있다. 거
기에는 누군가의 도움이 있어야 된다. 전능하신 여
호와 하나님이 직접 도와주신다면, 확실하게 문제
가 해결되고 형통을 맛볼 것이다. 하나님은 대체로
사람들을 통해서, 특별히 신실한 하나님의 자녀들
을 통해서 도와주신다.

내가 직장을 그만두고 자영업을 할 때였다. 초복
에 맞춰서 병아리를 사육해야 연중 이득이 가장 높
게 된다. 그런데 병아리 공급이 부족해서 분양 받
기가 매우 힘든 해였다. 준비는 다 해 놓았는데 병
아리를 구할 수 없었다. 할 수 없이 포기하고 농장
에서 집으로 돌아오는데 병아리 분양차가 도로변에

서 있는 것이다. 다가가서 보니까, 타이어가 펑크 나서 서 있는 것이다. 기사를 만나보니, 마침 대학 후배였다.

생각해 보자. 왜 그 병아리 차가 내가 돌아오는 길가에서 펑크가 났을까? 왜 내가 병아리를 얻지 못하고 집으로 돌아오는 바로 그 시간에 그 차가 거기에 서 있었을까? 어떻게 내가 잘 아는 후배의 차를 만나게 됐을까? 세상 사람들은 이것을 우연이라고 설명하고자 할 것이다. 그렇다면 그 우연은 누가 만들어 주었을까? 신앙인들은 이러한 경우를 창조주 하나님의 은혜요, 축복이요, 인도하심이라고 인정하고 고백할 수 있다.

나는 이제까지 80여년을 살아 왔다. 이 글을 정리하면서, 내가 이제까지 하나님의 은혜를 넘치도록 받아왔고, 하나님이 나와 동행하시면서 내 길을 인도하셨다는 사실을 새삼스레 느끼게 된다.

또 한 가지 간증을 하고자 한다.

양계업을 마치고 느닷없이 양식업을 하기 위해서 바닷가 땅을 구하려고 다닐 때 생긴 일이다. 강화 초지에 있는 홍성횟집에서 점심을 먹게 되었다. 특별한 의도 없이 양어를 하기에 적당한 해변가 땅을 구하려고 한다는 말을 하게 되었다. 그러자 식당 주인은 자기 영업도 바쁠텐데 자진해서 몇 군데 가 보자는 것이었다. 그 과정을 통해서 기대하지도 못 했는데 지금의 선두리 땅을 알게 되었다. 그곳에서 기적 같은 만남이 있었다. 그 마을에서 30년 만에 고등학교 동창을 만났던 것이다. 그 동창의 중개로 마침 이웃마을에 팔려는 땅이 있어서 지금의 농장 을 구입하게 되었다. 참 놀라운 일이었다. 모든 것 을 아시고 하실 수 있는 사랑과 은혜의 하나님이 내 길을 인도하셨다고 고백하지 않을 수 없다.

조엘 오스틴은 이렇게 말했다.

솔로몬 왕은 잠언에서 이렇게 말했다. "사람이 마음으로 자기의 길을 계획할지라도 그의 걸음을 인도하는 자는 여호와시니라"(잠16 : 9).

사람은 누구나 타고난 재능과 소질이 있다. 그것에 만족하면서 하나님을 의지하며 그분에게 감사하며 자기의 일을 즐기면서 인내하며 최선의 노력을 기울이고 또한 꾸준히 배우며 지혜와 명철을 쌓아 가면, 반드시 하나님이 그 길을 이끄시고 하나님의 은혜와 축복이 임할 것이다(롬8 : 32; 빌4 : 6~7). "그러므로 염려하여 이르기를 무엇을 먹을까 무엇을 마실까 무엇을 입을까 하지 말라 그런즉 너희는 먼저 그의 나라와 그의 의를 구하라 그리하면 이 모든 것을 너희에게 더하시리라”(마6 : 31~33).

5. 진정한 행복

행복(幸福)

① 선(善)에 대한 보상이나 하나님의 은혜로 주워지는 즐겁고 복된 상태(신10 : 13)

② 건강, 성공, 생명, 많은 자손, 풍성함 등은 하나님의 선물로 주어지는 행복의 내용들이다.

(신32 : 29, 시1 : 1~3, 128 : 2, 잠8 : 34~36, 사32 : 20)

③ 한편 신약에서는 하나님 나라에 참여함으로 오는 특별한 즐거움을 행복이라고 말한다(마 5 : 3~12).

"내가 오늘 네 행복을 위하여

네게 명하는 여호와의 명령과 규례를 지킬 것이

아니냐" (신10 : 13)

"복이 있는 사람들은 악인들의 꾀를 따르지 아니

하며

죄인들의 길에 서지 아니하며 오만한 자들의 자

리에 앉지 아니하고

오직 여호와의 율법을 즐거워하며 그의 율법을

주야로 묵상하는도다

그는 시냇가에 심은 나무가 철을 따라 열매를 맺

으며 그 잎사귀가 마르지 아니함 같으니

그가 하는 모든 일이 다 형통하리로다" (시1 : 1~3)

"그저 그저 감사 장로님"이 있었다고 한다. 예배

가 끝나고 성도들이 다 돌아갔는데 그 장로님은 혼

자 앉아서 중얼대며 계속 기도했다고 한다. 목사님이 호기심이 생겨서 옆을 지나면서 들어보니까, 그 장로님은 다음과 같이 기도했다고 한다. "그저 그저 감사합니다. 태어나게 하신 것도 감사하고, 햇빛 주신 것도 감사하고, 건강 주신 것도 감사하며, 자녀 주신 것도 감사합니다. … 그저 그저 감사합니다." 라고 계속해서 감사 기도를 했다고 한다.

진정한 행복은 첫째 : 현실에 만족하고

둘째 : 하나님이 주신 것에 감사하고

셋째 : 하나님이 더 주시면, 그것으로 자비와 사랑을 베풀라는 것이다.

은혜 위에 은혜가 더하는 삶은 항상 범사에 감사하는 삶이다.
은혜 위에 은혜가 쌓이지 않는 삶은 언제나 원망과 불평으로 가득한 삶이다.

8

기독교 신앙의
본질과 왜곡

1. 종교전쟁

왜 유럽 기독교가 500년 전에 종교개혁을 일으켰으면서도 지속적으로 성장하지 못했을까? 세계 종교사를 살펴보면, 그 해답을 찾을 수 있다.

유럽에서 일어난 큰 전쟁은 대체로 종교전쟁이었다.

그것도 같은 뿌리를 갖고 있는 교회들과 종교들 사이의 전쟁이었다.

*십자군 전쟁

11세기 말에서 13세기 말 사이에 서유럽의 그리스도 교도들이 성지 팔레스타인과 예루살렘을 이슬람 교도들로부터 탈환하기 위해 8회에 걸쳐 감행한 원정이다. 이 전쟁에 참여한 군사를 십자군이라고 부른다. 그 당시 전쟁에 참가한 기사들의 가슴과 어깨에 십자가 표시를 했기 때문이다. 십자군의 태동이 종교적 요인에 의한 것이라는 점은 명확하고 또한 유일신을 믿는 그리스도교도와 이슬람교도와의 배타적 싸움이라는 점에서도 종교전쟁으로 인정된다. 그러나 이것을 단순히 종교운동이라고 특징지을 수는 없다. 봉건영주와 하급 기사들은 새로운 영토지배에 대한 야망에서, 상인들은 경제적 욕망에서, 또한 농민들은 봉건사회의 억압으로부터 벗어나려는 희망에서 저마다 원정에 가담했다.

*후스 전쟁

15세기에 일어난 종교전쟁으로 후스의 전쟁이 있다. 체코 출신의 종교 개혁가인 얀 후스(Jan Hus)가 화형에 처해진 이후에, 그의 가르침을 따르던 보헤미아 사람들이 박해에 저항해서 반란을 일으켰다

(1419년). 교황은 이들을 이단으로 여겨서, 1420년
부터 약 14년간에 걸쳐 십자군을 동원하여 전쟁을
일으켰다.

*기사 전쟁

루터의 종교개혁 후 1522년 독일에서 성직자와
제후는 서로 대립하게 되었다. 지킹겐과 후텐 등의
기사(騎士)를 지도자로 하는 독일의 기사들이 트리어
(Trier) 대주교령(大主敎領)을 습격하면서 종교전쟁을
일으켰다. 이후 반격을 받아 기사단은 참패하였다.

*스위스 신교와 구교 전쟁

스위스 출신의 종교개혁가인 츠빙글리가 스위스
취리히를 중심으로 종교개혁에 나섰다. 그 당시 종
교개혁을 추진하면서, 1531년 카펠에서 신교파와
구교파 사이에 전쟁이 일어났다. 이 전쟁에서 츠빙

글리 자신도 전사했다.

＊슈말칼덴 전쟁

1530년 독일 신교파의 제후들과 도시들이 카를 5세의 탄압 정책에 항거해서 슈말칼덴 동맹을 결성했다. 1546~1547년 황제측의 제후군(諸侯軍)과 싸운 슈말칼덴 전쟁 등도 종교전쟁에 포함된다.

16세기까지 종교전쟁은 국지적인 내란의 성격이었지만 16세기 후반에 접어들면서 종교전쟁은 국제전쟁의 양상으로 변모하게 된다. 처음 종교전쟁이 발발한 것은 내란으로 시작되었지만 점차 전쟁이 확전되어 여러 외국의 간섭을 초래하면서 국제전쟁으로까지 확대되었다.

＊위그노 전쟁

16세기 후반 프랑스 남부에서 일어난 종교전쟁으로 신교와 구교 사이에 일어났다. 프랑스 남부에서는 신교파를 위그노라고 불렀다. 점차 신교파가 세력을 확장하자, 구교와 정치권력을 두고 대립하게 되었다. 위그노 전쟁은 신교파인 나바르 왕국과 엮인 전쟁이었으며 36년간 계속되어 프랑스를 황폐화시켰다.

＊네덜란드 독립전쟁

16세기 후반에서 17세기 후반에 걸쳐 일어난 전쟁이다. 네덜란드 북부지역 칼뱅파가 점차 증가하고 무역으로 발달하자, 가톨릭 구교파인 에스파냐 펠리페 2세가 이들을 탄압하면서 일어난 전쟁이다. 칼뱅파 도시들은 자치권을 박탈당하고 재정적인 수입을 빼앗기게 되자, 구교파에 대항하여 전쟁을 일으켰으며 이 전쟁은 네덜란드 독립전쟁으로 발전하였다.

*30년 전쟁

1618년~1648년에 독일에서 일어난 전쟁이며 대표적인 종교전쟁으로 손꼽는다. 신교와 구교 사이에 벌어진 전쟁으로 가톨릭파인 페르디난트 2세가 보헤미아의 왕위에 오르면서 일대 신교파와 갈등을 빚으면서 일어난 전쟁이다.

*영국과 에스파냐의 전쟁

16세기 후반에 일어난 이 전쟁은 메리 1세의 남편으로 영국에 구교의 부활을 기도한 펠리프 2세에 대해 엘리자베스 1세가 네덜란드 독립전쟁에 출병해서 신교도의 독립군을 원조하고, 다시 펠리프 2세가 스코틀랜드 여왕 스튜어트를 영국 여왕으로 추대하여, 영국에 구교를 뿌리 내리려 하였기 때문에 영국국민이 이에 반발하여 스페인 무적함대를 격파해서, 그 의도를 분쇄한 것이다.

종교전쟁에서 공통점으로 나타나는 것은 결코 종교적인 문제에 한정되어 일어난 것이 아니라, 정치와 종교가 엉켜 정치적 및 영토적 야심과 분리할 수 없을 정도로 연결되어 있다는 점이다. 30년 전쟁을 끝으로 더 이상 "종교"를 내세운 전쟁의 구실은 없어지고, 정치적 야망이 그대로 드러나게 되었다.

(1) 예수님이 이 땅에 오신 목적은 무엇인가?

(2) 기독교 신앙의 본질은 무엇인가?

오랫동안 신앙생활을 통해서 수십 번 수백 번 성경 말씀을 듣고 읽었으면서도, 그 말씀대로 실천하지 못하는 것은 우리 모두가 성숙치 못했기 때문이 아닐까!

① 믿음, 소망, 사랑(3대 요소) 이 세 가지는 항상
  있을 것인데 그 중에 제일은 사랑이라.
② 하나님을 사랑하라. 이것이 크고 첫째 되는 계
  명이요 둘째도 그와 같으니 네 이웃을 네 몸같
  이 사랑하라.
③ 원수를 사랑하라.
④ 악을 악으로 갚지 말고 악을 선으로 대하라.

교회와 사회 안에서의 갈등 및 종교 간의 갈등과
분쟁을 살펴보면, 공통점을 발견하게 된다. 그 공
통점은 하나님의 본질인 의와 사랑을 따르지 않고,
육신의 정욕과 안목의 정욕과 이생의 자랑을 위해
남의 것을 빼앗으려는 욕심 때문일 것이다. 또한
자기의 주장과 이익만을 내세우기 때문일 것이다.

하지만 남에게 베풀려는 사랑의 실천이 따른다면, 갈등과 분쟁이 해결되고 평화가 올 것이다. 먼저 대접하고 섬기는 것이 매우 중요하다. 대접하고 섬기는 것은 사랑의 표현이요 실체이다. "그러므로 무엇이든지 남에게 대접을 받고자 하는 대로 너희도 남을 대접하라. 이것이 율법이요 선지자니라"(마 7 : 12).

2. 무엇으로 채우나?

청년기는 인생의 방향을 선택하는 매우 중요한 시기다. 이 시기를 회의기라고도 한다. 의문이 많고 고민도 많고 엉뚱한 생각도 하게 된다. 청년기는 인생에서 가장 중요한 시기이다. 잘못된 생각과 판단으로 잘못된 선택을 하게 되면, 그의 미래는 돌이키기 힘든 고생의 길을 걸을 수도 있다.

신앙생활을 하면서 종종 다음과 같은 회의(懷疑)가 든다.

① 믿고 구하면, 다 이루어 주신다고?

② 몇 번이고 회개하면, 용서받고 구원받는다고?

③ 예수만 믿으면, 구원 받고 천국(내세)에 갈 수 있다고?

④ 십일조를 드리면, 복을 쌓을 곳이 없도록 부어 준다고?

⑤ 연옥에서 천국으로 옮김 받는다고? (로마 카톨릭)

⑥ 믿음의 기도는 병을 낫게 한다고?

인간이 일생동안 가장 소망하는 기본 욕구 세 가지가 있다고 한다.

① 건강하고(병고침 받고)

② 복 받고(물질적)

③ 영생(내세의 천국)하는 것이라고 한다.

종교에서는 이 세 가지 욕구를 종교생활 속에서 찾을 수 있다고 강조하고 있다. 특히 이단교주들은 특별히 이 세 가지 욕구를 명백하게 강조한다.

또한 일부 대형교회들도 다음 사항들을 은연중에 강조하며 성도들에게서 아멘을 이끌어낸다.

첫째 : 행위를 소홀히 한 채 믿기만 하면, 구원 받고 천국에 간다고 강조한다.

둘째 : 봉사를 열심히 하면 온갖 복을 주시며, 또한 십일조를 하면 반드시 물질의 축복을 주신다고 강조한다.

셋째 : 신유의 은사(병고침)를 강조한다.

나아가 대중심리를 이용해서 ① 수시로 아멘을 유도한다. ② 설교 중에 내용에 부합된 찬송을 부르게 해서, 억지로 성령의 감화와 감동을 이끌어

내려고 한다. 이것은 과거에 부흥집회에서 사용하던 대중심리 이용법이다.

현실과 피조세계의 이치를 무시한 채, 내세의 소망과 병고침 등을 강조하며, 종교행위로 축복 받는다고 강조한다면, 하나님의 공의와 사랑을 무시하는 공허한 신앙이 되지 않을까? 우리의 심령이 하나님의 공의와 사랑으로 채워져야 하는데, 그 대신 내세의 소망과 종교행위로 인한 보상심리 등 비본질적인 것으로 채워진다면, 그것은 맹신자로 만드는 것이 아닐까?

3. 종교개혁

마틴 루터의 종교개혁의 중심사상은 "복음에는 하나님의 의(義)가 나타나서 믿음으로 믿음에 이르게 하나니 기록된 바 오직 의인은 믿음으로 말미암아 살리라 함과 같으니라"(롬1 : 17)이다. 로마서 1장 16~17절에서 바로 그 복음에 대한 설명이 이어진다. 이 두 절은 로마서의 중심 주제를 드러내준다. 왜 바울은 복음을 자랑스러워하는가? 이 복음이 유대인들뿐만 아니라 또한 헬라인들 곧 "모든 믿는 자에게 구원을 주는 하나님의 능력"이기 때문이다.

이 구원이 "모든 믿는 자"를 위한 것이라는 바울의 주장은 로마서 전체에 걸쳐서 반복된다.

"복음에는 하나님의 의(義)가 드러나기" 때문에 복음은 하나님의 구원의 능력의 원천이다.

특별히 마지막 때에 대해서 말하면서, 이사야 선지자는 그 때를 하나님이 자신의 의를 드러내는 때라고 묘사했다. 하나님의 의는 로마서의 중심 모티브다(롬3 : 5, 21, 25, 26, 10 : 3).

성경에서 의인은 누구인가?

① 하나님의 은혜로 용서 받은 죄인을 가리킨다.

② 그리스도를 믿음으로 하나님으로부터 의롭다

고 인정받은 신자를 가르친다(칭의).

그리스도는 그를 믿는 사람에게 어떤 의로움을

주는가?

① 십자가의 희생에 근거해서 전혀 죄가 없는 이

로서 자신의 의로움을 준다(대속의 의).

② 우리의 죄에 대해서 우리 자신이 받아야 할 형

벌을 그리스도 자신이 대신 떠맡음으로, 우리

를 용서받게 하고 구원받게 한 하나님의 의로

움을 준다.

구약과 바울의 글 모두에서 하나님의 의라는 표

현은 광범위한 개념으로

하나님 편에서 주시는 행위와 우리 편에서 그것을 받는 사람의 지위 모두를 포괄한다. 그러므로 복음이 전파되고, 사람이 그 복음을 믿고 받아들일 때 하나님의 의가 드러난다. 그 순간에 하나님은 죄인을 하나님 자신과 "올바른 관계"로 이끌어 들이시기 때문이다. 그리고 "믿음으로 믿음에 이르게"라는 표현은 "처음부터 끝까지 믿음에 의해서"를 의미한다. 하나님의 의는 오직 믿음에 의해서만 받을 수 있으며, 하나님의 의와 믿음 사이의 연관성을 한층 더 강조한다. "살리라"는 말은 영원한 영적인 삶을 가리킨다.

"오직 의인은 믿음으로 말미암아 살리라" 죄인은 그리스도의 대속의 죽음으로 주어지는 하나님의 의를 믿고 받아드릴 때 죄 사함 받고 영생을 얻는다. 또한 그 의로움을 받아들일 때 곧바로 영생이 주어지며, 이 세상에서도 우리는 그 영생을 누리며 살고 있다.

따라서 인간의 다른 어떤 수단이나 방법으로도 (예 : 고행, 순례, 죽은 사람을 위한 기도 등) 하나님의 의를 얻을 수 없다.

체코의 프라하 구시가지 광장에는 얀 후스의 동상이 세워져 있다. 루터의 종교개혁(1517년)보다 약 100년 전(1415년)에 체코의 얀 후스가 종교개혁을 단행하려 했으나, 로마 가톨릭교회의 탄압으로 실패하고, 그는 화형에 처해졌다. 얀 후스의 동상에는 다음과 같은 비문이 새겨져 있다.

　① 진리를 말하고

　② 진리를 행동하고

　③ 진리를 사랑하라.

루터뿐만이 아니라 루터의 종교개혁 전후로도 여러 신학자와 인문학자들에 의해 개혁이 이뤄졌었다. 그리고 앞으로도 교회의 가르침과 관습 가운데서 진리에서 벗어난 것이 있다면 계속해서 개혁되어 나가야 된다. 곧 "개혁된 교회는 항상 개혁되어야 한다." (라틴어 : Ecclesia reformata semper reformanda est).

사실상 한국교회 신도들은 세계 어느 나라 교인들보다 말씀을 많이 듣고 교회출석도 많이 하고 기도도 많이 하고 종교행위도 충실하게 하고 있다. 그러나 일부 신도들의 신앙생활은 종교행위에 갇혀서 더 이상 앞으로 나아가지 못하고 있다. 한국교회도 이제는 대개혁이 일어나지 않으면 안 된다고 생각된다.

한국교회 안에는 하늘의 신령한 은혜와 은사들을 사모하는 것보다 물질숭배가 만연해 있고, 또한 샤머니즘과 같은 요소들로 가득하다.

　우리 농장에는 사과, 포도 외에도 고구마, 들깨, 참깨가 주작목이다. 농사를 짓다 보면, 자연의 이치에서 깨닫는 바가 크다. 어느 해에 참깨가 키가 크고 시퍼렇게 아주 잘 자라고 있었다. 그래서 가을에 추수할 때 많은 양의 깨를 수확할 것이라고 기대하고 있었다. 그러나 막상 수확해보니 예년보다도 훨씬 적게 수확했다.

사과나무 농장

그 원인이 무엇일까?

첫째 : 품종에 있었다. 품종을 잘못 선택했다. 그래서 다음 해에는 "다락깨" 씨를 구해 심었다.

둘째 : 비료를 잘못 선택했다. 질소 성분이 많은 비료를 주어서, 키는 크고 시퍼렇게 잘 자랐지만, 결실은 많지 않았다.

셋째 : 결실에 필요한 성분이 부족했다. 다음 해에는 비가 적당히 고르게 내려서, 결실이 아주 좋았다.

농사의 결실을 신앙생활에 비교해 본다.

① 우선 품종의 선택이 제일 중요하다. 하나님의 말씀을 올바로 깨닫고 적용해야 한다.

② 비료의 선택은 하나님의 말씀에 기초한 가치관을 갖고, 그것에 일치하는 신앙생활을 하는 것이다.

③ 수분(빗물)은 기도를 통해서 하나님의 은혜를 사모하며 성령의 인도함을 받는 것이다.

첫째 : 기독교 신앙의 본질은 하나님의 본성인 공의와 사랑이다. 그리스도인은 예수님이 오신 목적을 분명히 깨닫고, 그것을 목표로 삼아서 신앙생활을 해야 한다. 신앙의 본질과 목적이 단순히 현실에서 복 받고 병고치고 천당 가는 것으로 변질됐다면, 좋은 열매를 거두는 것을 기대할 수 없다.

둘째 : 식물이 잎이 무성하고 키가 크게 잘 자랐는데 결실이 좋지 않은 것은 비배(肥培) 관리를 잘못했을 가능성이 높다. 비료의 3대 요소는 질소, 인산, 칼륨이다. 그 외에도 석회, 규산, 부토 등 다양한 성분이 필요하다.

신앙의 3대 요소(사상)는 믿음, 소망, 사랑이다. 믿음에 치우치면, 긍정적인 정신은 좋지만 판단력이 부족하게 될 수 있다. 소망에 치우치면, 현실을 등한시하고 이단에 빠지기 쉽다. 사랑에 치우치면, 하나님의 공의를 소홀히 하기 쉽다. 따라서 믿음, 소망, 사랑의 3대 요소가 균형 잡힌 복합비료가 되어서, 신앙의 본질과 목적을 위해서 올바로 사용되고 적용될 때 좋은 열매를 맺게 될 것이다.

셋째 : 신앙생활을 잘 하려면 하나님의 말씀에 기초한 지혜가 반드시 필요하다. 식물이 잘 자라는 데 비가 꼭 필요한 것처럼, 신앙생활을 잘 하려면 말씀의 지혜가 반드시 필요하다. 식물이 성장하고 결실을 맺는 데 수많은 영양소가 필요하다. 특히 결실기에는 열매에 필요한 영양소가 있다. 빗물 속에는 수없이 많은 성분이 함유되어 있다. 마찬가지로 하나님의 말씀 중에는 수없이 많은 진리들이 숨

겨져 있다. 이 진리들을 찾아서, 그것들이 우리의 마음과 생각과 삶의 빛물로 사용될 때, 천국의 좋은 열매들이 맺혀질 것이다. 말씀의 지혜를 찾고 적용하려면, 성령의 조명과 도우심과 인도하심이 필요하다. 그러므로 항상 깨어서 기도하며, 성령 충만을 사모하며 성령의 인도를 간구해야 한다. 그리고 나 자신을 성령님께 전적으로 맡기며, 최선의 노력을 기울이는 것이 필요하다.

종교개혁의 중심지였던 서유럽 국가들, 예를 들면 독일, 네덜란드, 스위스, 핀란드, 덴마크, 스웨덴 등은 기독교 신앙의 본질인 공의와 사랑의 실천을 교회와 사회와 국가의 사명으로 받아들였다.

"내가 받은 축복 중에는 이웃에게 나눠줄 몫이 포함되어 있다"라고 생각하여 가난하고 소외된 이웃에게 나누고 베푸는 것을 삶의 보람으로 알고 실천하고 있다고 한다. 따라서 이들 국가들의 복지정책은 세계에서 가장 잘 되어 있다. 이처럼 온전한 믿음은 구체적이며 실질적인 행위로 이어져야 한다.

4. 포도나무 열매

사과 농사를 지은 지 15년이 되었다. 농장에는 포도나무 30여 그루도 있다. 포도나무에 꽃이 피고 나서 열매가 맺히면, 9월 중순에 포도를 수확하게 된다. 포도가 익어서 처음으로 포도송이를 따려고 손으로 잡아당겨도, 일반 과일 열매와는 다르게 잘 떨어지지 않았다. 결국 전종가위로 잘라서 땄다.

이때 갑자기 말라기서에 기록된 십일조에 대한 하나님의 말씀이 생각났다.

"온전한 십일조를 창고에 들여 나의 집에 양식이 있게 하면 … 복을 쌓을 곳이 없도록 붓지 아니하나 보라 메뚜기를 금하여 토지소산을 먹어 없애지 못

포도나무와 열매

하게 하며 포도나무 열매가 기한 안에 떨어지지 않게 하리라"(말3 : 10~11).

이 말씀이 과장되지 않았을까? 왜냐하면 십일조를 드리건 안 드리건 상관없이 포도열매는 기한 안에 잡아당겨도 떨어지지 않는다는 사실을 경험했기 때문이다.

성경주석(IVP)에는 말라기(3 : 10~12)를 다음과 같이 기록되어 있는 문구가 있다.

"하나님이 자기 백성이 완전한 십일조를 신실하게 바치게 되자마자 그들이 간절히 원했던 비를 내릴 것이며 질병과 흉작이 멈출 것이며 모든 이방인들이 너희를 복되다 하리라"

복을 쌓을 곳이 없도록 붓지 않나 보라는 → 비를 내릴 것이며 메뚜기를 금하며 포도열매가 기한 안에 떨어지지 않을 것이며는 → 질병과 흉작이 멈출 것이며로 기록되었다.

하나님은 하나님의 자녀의 모든 필요에 응답하실 것을 약속하셨다. 하지만 하나님이 탐욕에서 비롯되는 그들의 모든 욕구를 들어주신다는 것은 아니다. 모든 종교에서는 공통적으로 복채, 복전, 헌금 등을 바치면 복을 받는다고 말한다. 이것은 탐욕스런 욕구가 아닐까?

신명기에서는 십일조에 대해서 다음과 같이 언급된다(신명14 : 28~29).

"매 삼년 끝에 그해 소산 십분의 일을 다 내어 네 성읍에 저축하여 너희 중에 분깃이나 기업이 없는 레위인과 성읍에 우거하는 객과 고아와 과부들이 와서 먹어 배부르게 하라. 그리하면 네 하나님 여호와께서 너 손으로 하는 범사에 네게 복을 주리라"

이 말씀에 의하면, 십일조를 바치는 목적은 복을 받는데 초점이 맞추어져 있는 것이 아니라, 오히려 가난하고 소외된 이웃을 사랑으로 도와주는 구제 사업에 강조점을 두고 있다. 곧 십일조를 통해서 하나님의 의와 사랑을 실천하는 것이다.

십일조는 모든 소유와 생산의 1/10, 곧 수입의 십분의 일을 하나님께 드리는 헌금을 말한다. 십일조는 아브라함이 멜기세덱에게 십일조를 바친 사례에서 비롯되었다(창14 : 20). 구약에서 십일조는 구제, 성전 보수, 제사장의 몫으로 사용되었다. 이는 크게 셋으로 구분되었다.

① 제1의 십일조-이스라엘 백성을 대표하여 성전에서 봉사하는 책임을 맡은 레위인(제사장 포함)의 생계를 위해서 일반 백성이 자신의 소득의 1/10을 바치는 것(민18 : 21~24).

② 제2의 십일조-성전 안에서의 각종 행사나 성전 기구들의 수리 및 보수를 위해서 바친 것(신14 : 23~27).

③ 제3의 십일조-안식년을 기준하여 매 3년마다(세 번째 해와 여섯 번째 해) 그 해의 십일조를 비축해 두었다가, 고아와 과부와 나그네 등 가난한 이웃을 위해 쓰도록 한 것(신14 : 28~29; 26 : 12~13).

한편 예수께서는 십일조에 대해 교훈하시면서 물질뿐만 아니라 시간, 마음 등 전 인격을 하나님께 드리라고 말씀하셨다.

여기서 1/10은 일부분이라는 개념이 아니라 10을 대표하는 것으로서 1/10의 역할을 말한다. 곧 십일조는 모든 것이 하나님으로부터 왔으며, 만물이 하나님의 소유라고 인정하는 것이다. 따라서 모든 사람은 오직 하나님의 은혜로만 살아갈 수밖에 없다고 고백하는 것이다(고후9 : 6~7).

성경에서 아브라함이 멜기세덱에게 십일조를 바친 이후로, 야곱도 하나님께 십일조를 드리기로 약속했다(창28 : 22). 또 모세 율법에서는 곡식, 포도주, 기름 등 주요 농산물과 심지어 땅이나 가축들에 대해 십일조를 드리도록 규정하고 있다(레27 : 30~33; 대하31 : 5~6). 또 어떤 시대에는 특별한 십일조가 요구되기도 했다(신12 : 5~18; 14 : 22~29). 또한 십일조를 드리지 않는 것은 하나님의 것을 도둑질 하는 행위로 여겨졌다(레27 : 31; 신26 : 13~15; 말3 : 8~9).

그리고 후대로 오면서 유대 지도자들은 십일조를 아주 사소한 것까지 세분하여 땔나무나, 채소의 십일조까지 명문화하였다. 이런 배경에서 신약시대의 바리새인들은 박하와 회향과 채소의 십일조까지 바쳤다(마23 : 23). 예수님은 십일조에 대한 율법의 근본정신을 외면한 채, 단지 형식에 치우쳐서 십일조를 드리도록 강요하는 유대교의 율법학자들과 바리새인들을 책망하셨다.

5. 맹신과 맹종

거짓 선지자(이단교주, 삯군목자)들은 신앙의 본질인 의(義)와 사랑을 바르게 가르치기 보다는 믿음과 소망에 몰입되게 하며 종교행위(전도, 봉사, 헌금, 기도)에 충실하면 보상 받고 복 받는다고 왜곡된 신앙을 세뇌시키고 중독케 함으로써 교회성장과 자신들의 부(富)와 번영에 주력하게 만들고 교인들을 본질에서 벗어나게 하여 맹신과 맹종자를 만들어 놓은 것이 아닐까 생각된다.

「하나님을 아는 삶을 살게 한 것이 보상이요 은혜다. 예수를 믿음이 영적인 은혜의 보상인 것이기 때문이다」

신앙생활을 하는 성도들의 모습을 보면 크게 두 가지 모습으로 나눠지는 것 같다.

먼저 샤머니즘(shamanism)적인 신앙에 치우친 모습이다. 신앙생활에 뚜렷한 목적의식 대신 종교적 행위로 인해 은혜받고 보상받는다는 개념 속에 사로잡혀 믿기만 하면 내세에 구원받고 상급 받을 수 있다는 생활을 하고 있는 모습이다. 이들의 신앙생활은 열정적이고 감성적으로 나타난다. 특히 이단에 빠지기 쉬운 믿음이라고 볼 수 있다.

종교행위는 보상이 아니고 구원도 아니라고 본다(롬3 : 20, 28). 종교행위에 충실할 때 자신의 믿음이 자라고 의롭게 되며 성숙해짐으로써 하나님 나라에 들어갈 자격을 갖추는 과정이 되는 것이 아닐까.

다음은 사마리아인적인 신앙인들의 모습을 볼 수 있다. 성숙한 신앙인들은 예수님이 이 땅에 오신 목적을 나의 목적으로 받아들임으로 내세에 집착이 아니며 하나님의 의(義)와 사랑을 구하기 위해 이생에 충실하며 주여 주여가 아니고 내 아버지의 뜻대로 행하는 자가 되어 선한 사마리아인의 모습을 닮

아가는 것을 볼 수 있다. 이들의 신앙생활은 지성
적이고 성숙한 모습으로 나타난다.

9

성숙한 신앙

1. 내 신앙의 성숙도는?

기독교 신앙의 본질인 공의와 사랑을 깨닫고 실천하는 삶을 사는 성도가 있다. 반면에 믿음과 소망을 위주로 신앙생활을 하는 성도도 있다. 속담에 "모로 가도 서울만 가면 된다"는 말이 있다. 그러나 비본질 위주로 신앙생활을 하게 되면 샤머니즘적인 그릇된 신앙과 이단에 빠지기 쉽다.

> 결국 우리는 하나님의 나라와 그의 의를 이루기 위한 영적인 드라마를 연출하고 있는 것이다. 세상 낮은 수준으로는 하나님의 계획과 능력을 이해하지 못한다. 내 수준을 하나님의 수준에 맞추자

신앙생활의 목표는 성숙한 신앙인이 되는 것이 아닐까? 내 신앙의 성숙도는 어느 정도일까? 과연 나는 삼위일체 하나님에게서 칭찬받을 만한 하나님의 자녀, 그리스도인, 신앙인일까?

몇 십 년을 교회 다녔느냐?

교회직분이 무엇이냐?

얼마나 많이 교회를 다녔느냐가 성숙도의 기준이 될까?

성경 전체를 몇 번이나 통독했느냐?

성경을 몇 번 필사했느냐?

종교 행사에 얼마나 충실했느냐가 성숙도의 기준이 될 수 있을까?

하나님이 가리키시는 목적지를 향해서 나아가는 것은 자동차를 운전하는 것에 비유할 수 있다. 오늘날 거의 모든 자동차에는 내비게이션이 있다. 또한 모든 자동차에는 모터가 있다. 내비게이션이 없거나 고장이 나면, 처음 가는 목적지를 찾아가는 데 많은 어려움을 겪어야 한다. 모터가 고장이 나면, 차는 앞으로 나아갈 수 없다. 하나님의 말씀은 내비게이션에 비유할 수 있다. 내가 가야 할 길을 안내해 준다. 모터는 성령님에게 비유할 수 있다. 나에게 영적인 힘을 공급해 주고 항상 새롭게 해준다. 따라서 나는 하나님의 말씀의 인도를 받으면서 성령님이 주시는 영적인 힘으로 하나님 아버지가 오라고 하시는 곳으로 나아가면 되는 것이다. 한마디로 말해서, 신앙생활을 올바로 하려면, 하나님의 말씀을 잘 알아서 그것을 삶속에 잘 적용해야 하고, 또한 성령 충만해야 한다.

2. 햇볕이 부족해서

내가 가꾸고 돌보는 농장에 20여 그루의 사과나무가 있다. 약 15년 동안 사과농사를 지으면서 나는 많은 것을 깨닫게 되었다. 대부분의 사과나무들은 대체로 열매를 잘 맺지만, 어떤 사과나무는 해마다 결실이 불량했다. 품종도 같고 거름도 같이 주고 병

충해 방지도 똑같이 하고 있다. 사람이 관리할 수 있는 조건은 똑같이 했다. 하지만 결실은 다르게 나타났다. 늦게 서야 그 원인을 알게 되었다.

사과나무들이 햇볕을 받는 시간이 서로 달랐다. 서쪽 산에 있는 소나무 숲의 그늘이 먼저 드는 서쪽 편의 사과나무들의 결실이 불량했던 것이다. 햇볕이 부족했던 것이다. 자연의 이치였다.

성숙한 신앙인이 되는 것이 얼마나 어려운 것인지 새삼 생각하게 된다. 햇볕을 신앙인에게 적용한다면, 하나님의 은혜에 비유할 수 있다. 신앙생활을 제대로 하려면, 하나님의 은혜를 받아야 한다. 하나님의 은혜는 하나님의 말씀과 성령을 통해서 주어진다.

"나더러 주여 주여 하는 자마다 다 천국에 들어갈 것이 아니요 다만 하늘에 계신 내 아버지의 뜻대로 행하는 자라야 들어가리라."(마7 : 21)

　기독교인을 박해하던 사울은 어느 날 다메섹을 향해서 걸어가고 있었다. 갑자기 하늘로부터 강한 빛을 받고, 사울은 쓰러졌다. 눈에 비늘이 끼어 앞을 볼 수 없었다. 그때 부활 및 승천하신 예수님의 다음과 같은 음성을 듣게 되었다. "사울아 사울아 네가 어찌하여 나를 박해하느냐"(행9 : 4) 사울은 "주여 누구시니이까"라고 물었다. 그러자 예수님은 "나는 네가 박해하는 예수라"(행9 : 5)고 대답하셨다. 이 신비로운 사건을 경험하고 사울은 회심하고 전적으로 변화되었다. 그는 "예수는 바로 그리스도"라고 증거하고 전도하는 바울이 되었다. 바울은 하나님의 예언의 말씀에 기초해서 예수님이 전파한 복음을 올바로 깨닫게 되었다. 또한 그에게 성령이 임하였다. 그 이후로 그는 성령의 지배와 인도함을 받는 삶을 살게 되었다.

3. 시냇가에 심은 나무

시냇가는 사시사철 물이 마르지 않고 푸르고 싱싱한 나무가 자라고 있는 곳을 상징한다. 모든 생물이 마르지 않고 잘 성장하여 열매를 맺을 수 있는 기본 요소는 물이다. 물의 성격은 첫째 수분이다. 신앙생활에서 수분과 같은 것은 말씀(진리)이다. 두 번째 성격은 영양분이다. 영양분은 영혼의 열매를 맺게 하는 사랑으로 본다. 모든 생물은 수분공급이 안 되면 마르고 죽게 된다. 모든 생물은 영양 공급이 없으면, 꽃이 필지라도 결실을 맺지 못한다. 인간의 영혼도 진리의 말씀과 사랑을 받지 못하면 메마른 영혼이 되어 악인의 길을 걸어가게 된다. 그 영혼은 하나님의 나라에 들어가지 못하게 될 것이다.

　나는 해마다 열리는 과일나무를 볼 때마다 자연의 새로운 이치를 발견하곤 한다. 감나무의 예를 들어본다. 옛 어른들의 말을 들어보면, 과일나무는 "해거리"를 한다고 한다. 어떤 해에 많이 열리면, 그 다음해에는 적게 열리거나 열리지 않는 현상이 일어난다는 것이다. 과수농사를 짓기 전에 그 말이 이해가 가지를 않았다. 그러나 관심을 갖고 관찰을 해보니 그 원인을 찾을 수 있었다. 그것은 세 가지 원인에 의해서 나타나는 현상이다.

　첫째는 수분 부족이고, 둘째는 영양 부족이며, 셋째는 질병이었다. 또한 이 세 가지 원인이 발생되는 근본원인은 자연의 이치였다. 가물고 햇볕이 부족한 해는 질병도 많고 땅이 건조함으로 모든 식물이 정상적인 기능을 발휘할 수 없다. 따라서 식물이 열매를 잘 맺지 못하여 해거리를 하는 것이다.

또한 신기한 것은 꽃은 많이 피었지만, 열매가 자라면서 계속해서 떨어진다. 나중에는 열매가 거의 다 떨어지고 몇 개 남지 못하는 경우도 있다. 왜 그럴까? 나무도 지능이 있음을 알게 되었다. 나무가 성숙된 열매를 맺기까지 감당할 수 있는 영양분만큼만 가지에 열매를 남겨 놓고, 나머지는 떨어뜨리는 것이다. 그리고 뿌리에 영양분을 저축했다가 다음 해에 저축된 영양분만큼 열매를 맺게 하는 것이다. 참으로 신기하다. 나무도 과학적인 원리대로 생육하는 것을 볼 수 있다.

"그는 시냇가에 심은 나무가 철을 따라 결실을 맺으며 그 잎사귀가 마르지 아니함 같으나 그가 하는 모든 일이 다 형통하리로다" (시1 : 3)

여기서 "그"는 율법을 즐거워하며 그의 율법을 주야로 묵상하는 의인을 말한다. 율법은 하나님의 말씀, 곧 진리의 말씀을 가리킨다. 하나님의 말씀은 모든 생물의 생명이 되는 물과 같은 것이다. 또한 물속에는 수분과 함께 수많은 영양분이 포함되어 있기 때문에 모든 식물이 싱싱하고 푸르게 자라서 열매를 맺게 한다. 하나님의 말씀은 하나님의 자녀에게 이와 같은 역할을 한다.

신앙생활의 열매도 마찬가지이다. 하나님의 자녀가 진리의 말씀을 얼마나 받아들이고, 얼마만큼 저축하고 있느냐에 따라서 그만큼 사랑의 열매가 맺어진다. 또한 기억할 것은 시냇가 나무의 뿌리가 항상 물속에 닿아 있어야 하듯이, 우리의 영혼도 어떠한 환경에서도 항상 말씀과 연결되어 있어야만 하나님이 주시는 은혜와 능력을 받게 된다. 시냇가에 심은 나무는 성숙의 열매를 맺고, 하나님의 진리의 말씀에 뿌리를 내린 영혼은 선함과 공의와 사랑의 열매를 맺는다.

4. 쭉정이 벼이삭

벼가 자랄 때에는 물과 거름과 햇볕이 모두 필요
하다. 그러나 이삭이 익어갈 때는 물과 거름은 거의
없어도 되지만, 햇볕은 반드시 필요하다. 결실기에
햇볕이 부족하면, 결실이 되어도 쭉정이가 많이 생
긴다. 그래서 가을에 맑은 날이 많고 햇볕을 많이
받아야 충실한 열매를 거두게 된다. 식물이 자라서
열매를 맺기까지 여러 가지 요건이 필요하지만, 결
실이 잘 될 때까지 가장 중요한 것은 따뜻한 햇볕이
라는 사실을 깨닫게 된다.

충실한 믿음의 열매를 맺으려면 올바른 신앙활동
을 하여야 한다. 예배를 통해서 찬송과 기도를 드리
고, 전도와 봉사도 하고 헌금도 드린다. 그러나 무

엇보다 따뜻한 햇볕과 같은 하나님의 은혜를 받아야 한다. 하나님의 은혜는 하나님의 말씀과 성령의 역사를 통해서 주어진다.

벼가 충실한 이삭을 맺게 하려면, 필요한 요건을 찾아서 충족시켜 주어야 한다. 신앙생활에서도 성숙한 신앙인이 되기 위해서 "신앙성숙을 위한 기반요건"을 확실히 인지하고 갖추어야 한다.

하나님은 시간의 주인이시다. 시간과 때와 세월을 조절하면서 다양한 방법으로 우리를 인도하신다. 뜻대로 이루게도 하시고 실패를 주시기도 하고 누구를 통해서 주시고 빠르게도 느리게도 응답하신다.

신앙성숙을 위한 기반요건들

(1) 신앙의 기초가 되는 뿌리와 같은 것(믿음)

① 예수님이 오신 목적

② 하나님의 나라와 그의 의를 올바로 인식해야 함

(2) 신앙 성장의 모습인 가지와 같은 것(소망)

　① 재림, 심판, 부활, 천국, 영생 등

　② 이생과 내세에 대한 올바른 분별력을 지녀

　　 야 함

(3) 신앙의 결실인 열매와 같은 것(사랑)

　① 성령의 열매

　② 나누고 베풀며 배려와 용서

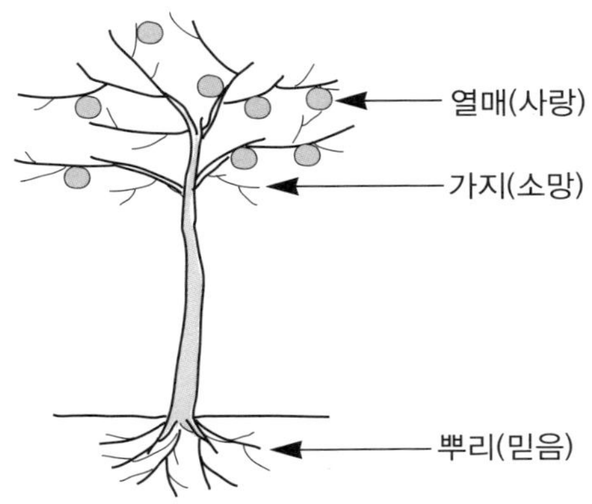

뿌리가 튼튼하고 건전해야 나무가 성장하게 된다.

가지가 건실해야 소망의 열매를 기대할 수 있다.

의와 사랑의 열매를 맺지 못하면 쓸모가 없어 베어버린다.

5. 성숙한 신앙인

따뜻한 햇볕이 충분해야 좋은 열매를 맺듯이, 성숙을 위한 기반요건들 위에 하나님의 진리의 말씀(음성, 햇볕)을 충분히 받아 들여야 성숙의 열매를 맺을 수 있을 것이다.

또한 성령의 도움으로 십자가 구속의 은총을 확실히 깨닫고 십자가의 도를 받아 드릴 때 성품과 인격의 변화가 일어날 것으로 본다.

예배는 나를 조율하는 시간이다.
조율이 되면 아름다운 소리를 낼 수 있다.

성숙한 신앙인이란?

첫째 : 목적과 사명이 분명한 자이다.

우리의 섬김과 일과 삶을 통해서 하나님께 영광 돌리는 것이 우리의 삶의 목적이다.

예수님이 승천하시기 직전에 제자들에게 주신 명령을 이어가는 것이 우리의 사명이다. "그러므로 너희는 가서 모든 민족을 제자로 삼아 아버지와 아들과 성령의 이름으로 세례를 베풀고 내가 너희에게 분부한 모든 것을 가르쳐 지키게 하라"(마28 : 19~20).

인생은 나그네이다. 우리는 이 세상에서 주님과 함께 순례 여행을 하고 있다. 언젠가 하나님이 부르시면, 청지기의 사명을 마치고 승천하신 예수님이 계신 곳으로 갈 것이다. 삶의 목적과 사명이 분명하지 않으면, 이 세상에서 우리의 삶은 고단하고 허무할 것이다.

둘째 : 지극히 작은 자에게 나누고 베푸는 자이다.

나와 이웃과의 관계에서 어떻게 성숙해질 수 있을까?

"너희가 여기 내 형제 중에 지극히 작은 자 하나에게 한 것이 곧 내게 한 것이니라"(마25 : 40). 누가복음은 선한 사마리아 사람에 대한 예수님의 비유를 소개하고 있다. 강도를 만나서 거의 죽은 상태에 놓여 있는 사람을 보고서, 제사장도 레위인도 그대로 지나갔다. 하지만 유대인들이 이방인으로 여겼던 어떤 사마리아 사람은 그를 보고, 불쌍히 여겨서 도와줬다(눅10 : 30~37).

셋째 : 측은심을 가진 자이다.

세상과 나와의 관계에서 어떻게 성숙해져야 하나?

이 세상에서 많은 사람들은 물질의 우상과 불의와 음란의 블랙홀에 빠져서 허우적거리고 있다. 물질이 우상이 되어 소비만능 사조와 사치와 허영에 빠져 있다. 또한 불의와 부패 속에서 헤어나지 못하고 있다. 이러한 세상 모습을 따라갈 것이 아니라, 예수 그리스도의 마음을 품고 이러한 혼돈의 세상을 가엾게 여기며, 세상 사람들의 변화를 위해서 간절히 기도해야 할 것이다(롬12 : 1~2, 엡5 : 15~18).

넷째 : 범사에 감사하며 찬양할 수 있는 자이다.

예수 그리스도의 십자가의 은혜로 내 안에 성령이 늘 함께 하신다. 성숙한 신앙인의 마음과 삶속에는 성령의 열매-사랑, 희락, 화평, 오래 참음, 자비, 양선과 충성, 온유, 절제(갈5 : 22~23)-가 넘친다. 따라서 그는 늘 기뻐하며 찬양할 수 있고, 모든 일에 감사할 수 있다.

우리의 생명을 태어나게 하신 분은 하나님이시다. 지금까지 인도하여 주신 분도 하나님이시다. 앞으로 나를 인도하고 보호해 주실 분도 하나님이시다(살전5 : 16~18, 엡5 : 19~20).

한 소녀가 거미줄에 걸려 바둥대는 나비를 꺼내 줬다. 그 나비는 천사였는데 날아가다 다시 돌아와서, 소녀의 귀에 대고 비밀 이야기를 하고 떠났다고 한다. 그 후 그 소녀는 평생 행복하게 살았다고 한다. 그 비밀에 대해서 침묵하다가, 백발 할머니가 되어서 비로소 그 비밀을 말했다고 한다. 곧 "범사에 감사하라."였다고 한다.

6개월의 삶을 남겨둔 호스피스 병동의 어떤 암환자가 남긴 글이다.

"인생의 마지막에 이르러 지난날을 되돌아본다. 짧게만 느껴지는 지난날, 불평과 불안과 욕망 속에서 헛되이 살아왔다. 그 날들에 대해서 후회하고 뉘우치면서, 남은 몇 날을 즐겁고 값지게 보내기 위해 가난한 마음과 감사한 마음으로 하루하루 살아가고 있다. 얼마나 살았느냐보다 어떻게 살았느냐가 새삼스럽게 중요하게 느껴진다."

삶의 본질을 깨닫고 사는 사람은 죽는 순간에도 그 영혼의 짐이 가벼울 것이다.

누구도 태어나고 싶어서 자기 의지대로 태어난 것이 아니다. 늙고 병들어 죽고 싶어 죽는 것도 아니다. 자연의 섭리에 따라 우주만물은 생겼다가 또 언젠가는 어떤 이유로든 사라지곤 한다. 하나님의 자녀는 생로병사를 하나님의 섭리라고 믿고 있다. 이러한 현상은 피조세계의 질서이고 진리이다. 아무도 하나님이 부여하신 피조세계의 질서와 원리를 거스를 수 없다. 그것에 순응하며 받아들이면, 영혼이 가벼울 것이다.

하나님이 우리를 이 땅에 태어나게 하셨다면, 그분은 우리가 어떻게 살다가 이 세상을 떠나가기를 원하실까? 하나님이 주신 목적이 이끌어가는 삶이 아닐까?

사도 베드로는 우리가 하나님이 선택하신 족속이며, 하나님의 백성이라고 다음과 같이 말한다. "너희는 택하신 족속이요 왕 같은 제사장들이요 거룩한 나라요 그의 소유가 된 백성이니 이는 너희를 어두운 데서 불러 내어 그의 기이한 빛에 들어가게 하신 이의 아름다운 덕을 선포하게 하려 하심이라 너희가 전에는 백성이 아니더니 이제는 하나님의 백성이요 전에는 긍휼을 얻지 못하였더니 이제는 긍휼을 얻은 자니라"(벧전2 : 9~10). 우리는 이 땅에서 하나님의 청지기로 살면서, 하늘나라를 향해서 가고 있는 순례자의 삶을 살고 있다. 우리는 그 길을 혼자 걸어가지 않는다. 하나님을 의지하며 그리스도 안에서 성령님의 이끄심을 받으며 새 하늘과 새 땅을 그리워하며 모든 신실한 신자들과 함께 그 길을 걸어가고 있다.

우리는 누구도 온전할 수 없다. 다만 온전함을 찾아가고 있을 뿐이다. 그리고 그 온전한 나라를 향해 걸어가고 있는 중이다.

6. 목적이 이끄는 삶

우리는 우연히 태어난 존재가 아니다. 저마다 하나님의 섭리와 계획과 사랑 안에서 태어났다. 하나님은 우리가 그분이 각자에게 계획해 놓으신 삶을 깨달아서 그것을 실행하기를 간절히 바라신다. 하나님의 자녀는 삶의 목적을 자기 스스로 선택해서는 안 된다. 하나님이 이미 그것을 결정해 놓으셨기 때문이다.

우리는 하나님이 만드신 목적에 맞는 사람이 되어야 한다. 가장 쉬운 방법은 발명품을 만든 이에게 그 목적을 물어보는 것이다. 에베소서에서 바울은 이렇게 말한다. "모든 일을 그의 뜻의 결정대로 일하시는 이의 계획을 따라 우리가 예정을 입어 그 안에서 기업이 되었으니 이는 우리가 그리스도 안에서 전부터 바라던 그의 영광의 찬송이 되게 하려 하심이라"(엡1 : 11~12).

삶의 목적에 대한 고민은 수천 년 동안 사람들을 혼란스럽게 했다. 그 이유는 우리가 그 고민에 대한 해답을 얻기 위해서 우리 자신으로부터 출발하기 때문이다. 우리는 다음과 같은 중요한 질문들을 던지곤 했다.

나는 무엇을 원하는가?
나는 무엇을 해야 하나?
나의 목표, 희망, 꿈은 무엇인가?

우리 자신에게 초점을 맞춘다면, 우리는 결코 삶의 목적을 찾을 수 없다(욥12 : 10; 잠16 : 9).

우리가 이 세상에서 하나님의 목적에 따라서 하나님에게 영광을 돌리며 신실하게 열심히 산다면, 하나님은 꼭 알맞은 때에 거기에 필요한 모든 것을 주실 것이다.

하나님께 영광을 돌리는 것은 하나님의 자녀의 존재 이유이며 삶의 목적이다.

어떻게 하나님께 영광을 돌릴 수 있을까?

첫째 : 예배를 통해서

(하나님께 기쁨을 주는 모든 행위)(시149 : 4)

둘째 : 이웃을 사랑함으로

(이웃사랑)(요일3 : 1, 마7 : 12)

셋째 : 그리스도를 닮아감으로

(그리스도의 인격)(롬8 : 29)

넷째 : 하나님을 섬김으로

(선한 일로 섬김으로)(엡2 : 10)

다섯째 : 불신자들에게 하나님에 대해 말함으로

(전도, 사명)(행20 : 24)

하나님은 그분의 뜻과 계획에 따라서 각 사람에게 재능과 은사와 비전을 주신다.

그래서 하나님이 이 땅에서 이루고자 하시는 모든 일들을 이루실 것이다.

7. 구원의 축복과 천국

구약시대의 구원은 주로 어떠한 위험이나 악으로부터 구출되는 것을 말한다. 전쟁, 고통, 포로 상황, 죄와 사망에서 구출 받는 것을 말한다. 그것에 대한 대표적인 사례로서 출애굽 사건을 언급할 수 있을 것이다. 하지만 영적인 측면에서의 구원도 분명히 언급된다.

이스라엘 민족의 구원관은 처음에는 민족적 성격이 우세했다. 왕국시대로 오면서, 점차 유대인들뿐만 아니라

① 이방인들도 구원에 포함되었고

② 개인 차원에서의 구원도 보다 더 많이 다루어졌다.

③ 특별히 환난 중에 하나님을 의지한 의인들, 곧 하나님의 신실한 자녀들에게 하나님이 구원을

베푸신다는 것이 언급된다.

더욱이 구약시대 후반부로 오면서, 메시야 사상이 발전한다. 그러자 구원의 개념은 점점 "죄로부터의 구원"과 "메시아 왕국의 도래"라는 개념으로 발전하였다.

신약시대의 구원은 하나님이 죄인인 인간을 사랑하셔서, 독생자 예수 그리스도를 이 땅에 보내시고, 그리스도가 온 인류를 대신하여 십자가에서 보혈을 흘리므로, 모든 사람에게 죄 사함과 영생의 길을 마련하였다는 데 초점이 맞추어져 있다(참조. 하나님의 의, 롬5 : 5~9).

그 결과 누구든지 예수 그리스도를 자기의 구주로 영접하면, 죄 사함 받고 영생을 얻으며, 하나님의 자녀가 되어 하나님 나라를 기업으로 물려받는다. 이 구원은 두 가지 측면을 지니고 있다. 한편으로, 하나님의 자녀는 이 땅에서도 그 구원을 경험할 수 있다. 그러므로 이 구원은 현세적 측면을 지니고 있다. 다른 한편으로, 그 구원은 그리스도의 재림과 최후의 심판을 통해서 새 하늘과 새 땅에서 완성된다. 이 점에서 그것은 종말론적인 완성이라는 측면을 지니고 있다. (미래의 소망)

사도 바울은 디도서 3 : 4~7에서 구원에 관하여 다음과 같이 상세히 설명한다. "우리 구주 하나님의 자비와 사람 사랑하심이 나타날 때에 우리를 구원하시되 우리가 행한 바 의로운 행위로 말미암지 아니하고 오직 그의 긍휼하심을 따라 중생의 씻음과 성령의 새롭게 하심으로 하셨나니 우리 구주 예수 그리스도로 말미암아 우리에게 그 성령을 풍성히 부어 주사 우리로 그의 은혜를 힘입어 의롭다 하심을 얻어 영생의 소망을 따라 상속자가 되게 하려 하심이라"

"거듭나다"(중생)는 "위로부터 새롭게 태어나다"를 뜻한다. 죄 때문에 죽을 수밖에 없는 존재가 예수 그리스도를 자기의 구주로 영접하므로, 하나님이 주시는 참 생명, 완전하고 영원한 생명을 받는다는 것이다. 그리스도인은 하나님의 구원 계획에 따라서 그리스도가 성취한 구원 - 곧 죄 사함과 영생 - 을 성령의 사역을 통해서 받는다.

의로운 행위는 따뜻한 인정으로 남에게 선을 베푸는 행위를 말한다. 그렇다고 해서 의로운 행위만으로 그 영혼이 다 구원을 받는 것은 아닐 것이라 본다. 칭의자가 아니더라도 의로운 행위는 할 수 있기 때문이 아닐까?

면죄부를 샀다고 또는 종교행위에 충실했다고 해서 다 의인으로 인정받고 구원받은 것은 아닐 것이다. 히브리인들은 율법을 지킴으로써 구원받고 조상이 쌓은 의로운 행위가 자손들의 구원에 영향을 끼친다고 생각하였다(롬3 : 20).

그러나 에스겔이나 이사야 선지자는 구원이나 심판이 모두 개인 책임이며(겔18 : 2~4) 결코 조상들의 공로나 과거의 선행으로 구원을 얻지 못한다고 가르치고 있다.

여기서 구원에 대해서 마지막으로 정리해 보고자 한다. 하나님 나라에 대한 복음을 듣고 예수 그리스도를 자신의 구주로 영접하므로, 옛 사람이 새 사람, 새로운 피조물이 되었다. "그런즉 누구든지 그리스도 안에 있으면 새로운 피조물이라 이전 것은 지나갔으니 보라 새 것이 되었도다"(고후 5 : 17).

새 사람, 새로운 피조물은 어떤 사람인가?

첫째 : 죄와 욕망의 늪에 빠졌던 심령이 하나님의 본질인 의와 사랑의 심령으로 변화된다.

둘째 : 실망과 좌절과 절망에 빠졌던 심령에 이제 믿음, 소망, 사랑으로 가득하다.

셋째 : 불의와 불안과 걱정으로 가득했던 심령에 하나님의 통치가 이루어져서 성령의 열매가 넘친다.

넷째 : 불평과 불만에 찌들었던 심령이 범사에 감사하며 하나님을 찬양하는 심령으로 바뀐다.

다섯째 : 원망과 비난을 일삼았던 어리석고 교만

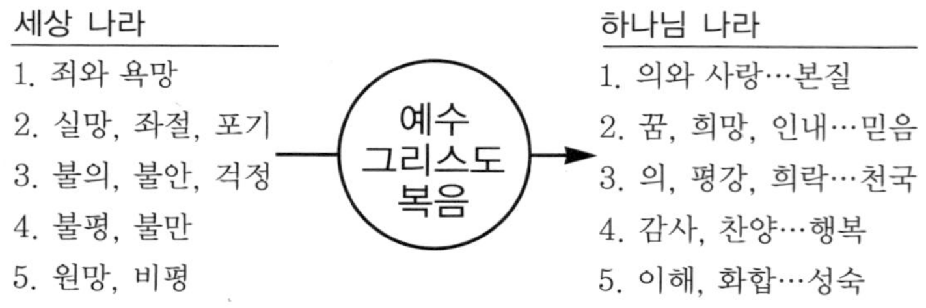

한 심령이 이해와 화목을 이끌어내는 성숙한 인격
자로 변화된다.

예수님은 이 세상에 하나님의 나라(통치)를 선포하
고 그 나라를 세우고 확장시켜 나가기 위해서 오셨
다. 또한 온 인류에게 죄 사함과 영원한 생명에 이
르는 길을 마련해 주려고 오셨다. 이 세상의 지식
과 지혜 등, 이 세상에 속한 어떤 것도 그 길을 제
공해 줄 수 없다.

오직 삼위일체 하나님만이 인류를 죄와 영원한
사망에서 구원하실 수 있다. 왜냐하면 하나님은 창
조자(성부 하나님), 구원자(성자 예수 그리스도), 완성자(성
령 하나님)이시기 때문이다. 하지만 그 길, 그 진리,
그 생명이신 예수 그리스도를 자기의 구주로 믿고
영접하는 사람만 죄 사함 받고 영생을 얻고 장차 새
하늘과 새 땅에 들어갈 수 있다.

<h2 style="text-align:center">〈참고문헌〉</h2>

- 레이몬드 E, 브라운. 『신약개론』 (CLC)
- J.A.모티어, G.J.웬함, D.A.카슨, R.T.프란스. 『성경주석』 (IVP)
- 가스펠서브. 『라이프 성경사전』 (생명의 말씀사)
- 디이메이드 맥클로흐. 『종교개혁의 역사』 (CLC)
- 릭 워렌. 『목적이 이끄는 삶』 (디모네)
- 찰스 M.쉘돈. 『예수라면 어떻게 하실까』 (지성문화사)
- 이재철. 『성숙자 반』 (홍성사)
- 송태근. 『하나님이 꿈꾸는 교회』 (성서원)
- 김기석. 『오래된 새길』 (포이에마)